웨슬리 이야기 1

웨슬리의 뿌리

김진두 지음

kmc

서문

　　나에게는 오래 전부터 웨슬리 형제에 관하여 그 뿌리부터 시작해서 그들의 생애(life)에 대한 글을 쓰고 싶은 열망이 있었다. 그러나 시간이 갈수록 어떤 위대한 인물의 삶에 관하여 쓰는 것이 그 인물의 사상이나 업적에 관하여 쓰는 것보다 훨씬 더 어렵다는 사실을 알게 되었다. 그래서 대부분의 웨슬리 학자들이 웨슬리의 신학이나 사상에 대한 책은 많이 쓰지만 그의 생애에 대하여는 쓰지 않는 것이 지혜롭다고 생각했는지도 모른다. 나 역시 얼마 동안 주저했지만, 용기를 내어 가장 먼저 '웨슬리의 뿌리'에 관해 쓰기로 결심하였다.

　　이 책을 쓰는 동안 다른 사람의 삶에 관하여 연구한다는 것이 얼마나 어려운 일인지 체험할 수 있었다. 남의 인생을 객관적으로 평가하는 것은 대단히 조심스러운 일이며 남의 인생에 대하여 이렇고 저렇고 말하는 것 자체가 무례한 짓이란 생각도 든다. 사람의 생애는 밖으로 알려지고 세상 사람들이 평하는 것이 전부가 아니라 밖으로 알려지지 않은 내면의 진실이 따로 있기 때문이다.

　　나는 이 책을 쓰면서 메도디즘 창시자의 뿌리였던 웨슬리 가(家)의 선조들이 아브라함과 같이 탁월한 하나님의 경건한 믿음의 선조들이었다는 사실에 큰 감동을 받았다. 중세기부터 끊이지 않고 경건한 그리스도인의 가문을 이루어 내려온 참으로 아름답고 복된 웨슬리 가(家)의 역사를 배운 것은 정말로 큰 은혜였다. 그리고 이렇게 믿음의 명문가를 이루며 하나님 나라에 충성한 선조들에게서 웨슬리 형제가 나왔다는 사실이 아주 감동적이었다.

이 책을 쓰는 동안 나는 또 존 웨슬리의 부친 사무엘 웨슬리와 모친 수산나 웨슬리를 다시 새롭게 발견할 수 있었다. 그들은 이전에 내가 알고 있던 것보다 훨씬 더 크고, 넓고, 높고, 깊은 분들임을 알게 되었다. 지금까지 메도디즘 역사에서 사무엘 웨슬리는 그렇게 중요시되지도 않았으며, 언제나 수산나와 비교되어 마치 가정 경영과 목회에서 실패한 것처럼 생각하거나 과소평가되었다. 그러나 실제 사무엘 웨슬리는 그렇게 작은 사람도, 실패한 사람도 아니다. 그는 빈틈없이 철저하게 경건으로 한평생을 산 하나님의 신실한 종이었다. 그는 오로지 하나님과 교회와 성경과 신학 그리고 경건 외에는 아무것도 몰랐다. 세상에 대하여는 아주 눈을 감고 마음을 닫고 살아간, 그래서 성결의 길만을 걸어간 종이었다. 또한 그는 평생 부지런히 신학과 경건의 학(學)을 연구하는 학자로서 살았던 것과 일찍이 홀로 되신 어머니를 힘과 정성을 다해 돌보아드렸던 보기 드문 효자였다는 사실, 그리고 수산나 못지않게 세 아들의 교육과 신학과 삶에 깊고 큰 영향을 준 아버지였다는 사실은 우리가 반드시 새롭게 배워야 할 것이다. 그는 실로 메도디스트 경건의 아버지였다.

한편 역사적으로 수산나 웨슬리는 사무엘에 비해서 언제나 과대평가되었다고 말하는 학자들이 있다. 그렇지만 나는 수산나 역시 과소평가되었다는 사실을 발견하였다. 수산나는 그저 메도디즘의 창시자인 아들들을 잘 키운 현모양처요, 자녀교육을 성공적으로 해낸 정도의 여성이 아니다. 우선 수산나는 그녀의 삶 자체가 경건과 성결의 표본이었다. 그녀는 어려서부터 하나님께 바쳐진 거룩한 헌신의 생애를 살았다. 그녀는 일찍이 부모로부터 가정 종교(family religion)를 철저히 배우고 자랐으며 이를 실천하여 가정을 하나님이 다스리시는 신성한 행복의 작은 공화국으로 만들었다. 이것은 오늘날 우리들에게 이상적인 그리스도인 가정의 표본을 보여주고 있다. 그녀는 자신의 생애만이 아니라 자녀들을 하나님께 바쳤다. 그리고 자신의 생애를 하나님이 자신에게 맡기신 자녀들을 위해 헌신하였다. 이렇게 하여 그녀는 하나님 나라와 인류 역사에 자신이 할 수 있는 가장 좋은 일을 감당하였던 것이다.

또한 수산나는 훌륭한 어머니이기 전에 훌륭한 영성가이며 훌륭한 신학자였으며 훌륭한 교육가였다. 나는 그녀의 묵상일기와 기도와 편지와 세 가지 신학 해설을 읽으면서 그녀의 탁월한 영어 실력과 깊고 넓은 신학, 그리고 경건의 지식에 너무나 놀라고 감동하였다. 그녀는 결혼 전에 이미 당대 영국에서 가장 좋은 교육을 받았으며, 독서를 많이 하였으며, 수준 높은 신학 지식을 갖춘 여성이었다. 그녀는 결혼 후에도 많은 자녀를 키우고 분주한 가정생활 중에서도 부지런히 독서하고 연구하여 경건의 넓이와 깊이를 더해 나갔던 것이다. 그녀는 자녀들의 신학 교수요 영성 지도자로서 넘치는 자격을 갖고 있었다.

나는 특별히 그녀의 묵상일기를 읽으면서 여러 번 가슴이 뭉클해지며 뜨거워지는 것을 느꼈다. 남존여비가 철저하던 사회에서 어떻게 수산나가 이렇게 깊고 해박한 경건의 독서와 경건의 학문과 경건의 실천을 지닐 수 있었을까 놀라울 뿐이다. 할 수 있다면 수산나의 묵상일기를 발췌 번역하여 '수산나의 명상록'을 내볼까 하는 생각도 하고 있다. 그녀는 실로 자신의 말대로 자녀들을 두 번 낳았다. 즉 몸을 낳아주고 성품을 낳아주었다. "오늘 나의 나 된 것은 어머니의 기도와 교육에 의한 것입니다"라고 한 존 웨슬리의 말은 사실이었다. 이 책을 쓰면서 나는 수산나가 메도디즘의 어머니라는 말에 전적으로 동의하게 되었다.

나는 '웨슬리 이야기' 1권, 2권, 3권을 쓸 계획이다. 제1권은 웨슬리의 선조들의 생애, 제2권은 존 웨슬리의 생애, 제3권은 찰스 웨슬리의 생애에 관한 것이다. 이제 제1권을 마친 셈이니 아직도 갈 길이 멀다. 내가 이것을 다 해낼 수 있을지 두려운 생각이 든다. 나머지 두 권을 영영 못 쓸지도 모른다. 그러나 시작이라도 해봐야겠다. 아무것도 하지 않고 집필만을 하라면 할 수 있을지 모르겠는데, 나는 목회에 전념해야 하고 강의도 해야 하기 때문이다.

나는 이 책을 읽는 사람들이 위대한 성자 웨슬리 형제와 메도디스트 역사를 그 뿌리부터 깊이 이해하길 바라며, 또한 그들의 선조들과 그들의 부모인 사무엘과 수산나의 생애를 통하여 하나님을 더 잘 믿고 하나님의 일을 더 잘 하며 더 좋은 인생을 사는 길을 찾는 데 조금이라도 도움이 되기를 바란다.

이 책을 쓰면서 사무엘과 수산나의 18세기 영어를 번역할 때 독자들이 읽기 쉽도록 의역을 많이 하였으며, 때로는 지나친 의역을 하였다는 것을 밝혀두면서 출판을 맡아주신 감리교 본부 출판국·도서출판 kmc 에 깊은 감사를 전한다.

저자 김진두

| 차례 |

서문　　　　　　　　　　　4
웨슬리 가(家)의 계보(系譜)　　12
엡웟의 웨슬리 가족　　　　14

1부_ 웨슬리의 선조들

1. 한 과부 이야기(1066~1109)　　　　　　　　　　　　　　16
2. 중세기 기사도의 가문(1109~1595)　　　　　　　　　　　19
3. 바톨로뮤 웨슬리 – 메도디즘 창시자의 증조부(1595~1680?)　　22
4. 존 웨슬리 – 메도디즘 창시자의 조부(1636~1678)　　　　　25
    1) 청교도 신앙의 투사 2) 용감한 개혁자 3) 개혁자의 시련
5. 사무엘 아네슬리 – 메도디즘 창시자의 외조부(1620~1696)　　32
    1) 청교도의 대부 2) 영국의 사도 바울

2부_ 사무엘 웨슬리 – 메도디즘 창시자의 아버지(1662~1735)

1. 쫓겨난 비국교도의 아들　　　　　　　　　　　　　　　40
2. 걸어서 옥스퍼드까지 – 비국교도에서 국교도로　　　　　41

3. 감독으로 추천되었으나 일생 시골 목사로 살다　　　　　　42

4. 거친 엡웟사람들을 사랑으로 녹이다　　　　　　　　　　43

5. 나는 아직도 부자입니다 – 1709년 목사관 화재 사건　　　45

6. 가난하지만 나의 어머니를 도와야 합니다 – 효자 사무엘　49

7. 여기는 파라다이스! – 감옥에서 목회하는 죄수 사무엘　　52

8. 부유한 외과 의사와 가난한 목사　　　　　　　　　　　　55
 1) 자녀가 많은 것은 수치인가, 복인가? 2) 부유한 외과의사와 그 외아들의 인생

9. 나의 저작을 왕에게 바치리라! – 부지런한 학자 사무엘　　60

10. 아들아! 아들아! – 정통 신앙의 수호자 사무엘　　　　　　63
 1) 이신론(理神論: Deism) 반대 2) 세례에 대한 신앙 3) 성만찬에 대한 신앙
 4) 구원에 이르는 믿음(saving faith) 5) 내적 증거, 내적 증거 – 확증의 교리

11. 경건의 증진을 위하여 연합하라 – 소그룹 경건운동의 선구자　71

12. 하나님의 이름으로 죄수들을 방문하라 – 감옥 전도의 선구자　73

13. 반 플라토닉 러브(Anti-platonic love)를 경계하라
 – 이성적 사랑에 대한 교훈　　　　　　　　　　　　　　74

14. 사무엘과 아들들의 성격　　　　　　　　　　　　　　　　75

15. 충성스런 국교도 사무엘의 고교회 정신　　　　　　　　　76

16. 기도하라, 읽어라 – 사무엘의 경건과 독서 지도　　　　　77

17. 내 아들! 내 아들! – 사무엘의 아들 자랑　　　　　　　　79

18. 나의 갈 길 다 가도록 – 사무엘의 최후　　　　　　　　　80

3부_ 수산나 웨슬리 - 메도디즘의 어머니(1669~1742)

1. 탁월한 청교도 처녀 수산나   84
    1) 스물다섯 번째 아이로 태어난 수산나와 그녀의 가정 2) 경건과 신학의 실험실 - 어린 시절 수산나가 받은 가정교육

2. 13세 소녀의 단호한 결심 - 비국교도에서 국교도가 되다   88

3. 그대는 나의 천국 - 키 큰 미인과 키 작은 목사의 결혼   89

4. 수산나의 가정 종교(Family Religion)   91

5. 아버지보다 어머니가 더 중요하다 - 자녀교육에 대한 수산나의 사명감   94

6. 행복의 교사 수산나 - 수산나의 자녀 교육   97
    1) 자녀 교육의 성공 비결은 규칙(rules)을 지키는 '방법'(methods) 2) 일정한 규칙에 의한 생활 훈련 - 수산나의 교육 방법(methods) 3) 1709년 화재와 수산나의 개혁된 교육 4) 수산나의 여덟 가지 세부 규칙 5) 아이들의 악한 의지 파괴 - 수산나의 교육 철학 6) 엄격함과 느슨함의 균형을 지키는 교육 7) 마음과 삶의 형성(formation of heart and life)을 위한 교육 8) 인내심 많은 교육자 수산나 9) 아들아, 너의 시간을 아껴라 10) 생각은 많이 하고 말은 적게 하라 11) 육욕적 사랑을 피하라 12) 찰스 웨슬리의 찬송에 나타난 수산나의 어린이교육 13) 가족 기도회는 '성스러운 훈련'(sacred discipline) 14) 자녀들을 매주 1회 한 명씩 만나다 - 뛰어난 상담자 수산나 15) 수산나의 자녀교육을 위한 28가지 규칙 16) 자녀의 행복과 하나님의 영광을 위한 교육 - 수산나의 교육 목적 17) 수산나의 편지학교

7. 아마추어 신학자 수산나 - 〈사도신경 해설〉, 〈십계명 해설〉, 〈교리 해설〉   135

8. 정통 신앙의 교사, 수산나   139
    1) 하나님에 관하여 2) 예수 그리스도와 대속에 관하여 3) 지옥에 내려가심에 관하여 4) 성령에 관하여 5) 교회에 관하여 6) 부활과 영원한 생명에 관하여 7) 죄와 구원에 관하여 8) 수산나의 예정론 비판 9) 그리스도가 실제로 임재하는 성만찬 - 수산나의 성만찬 신앙 10) 확신의 교리에 대하여

9. 수산나의 묵상일기 ... 154
1) 세상적인 것들을 거부하고 하나님을 바라라 2) 세상으로부터의 실망을 참되게 사용하라 3) 죽은 사람이든지 산 사람이든지 없는 데서 비난하지 말라 4) 하루에 세 번 자신을 성찰하라

10. 나는 중단할 수 없다 - 최초의 여성 설교가 수산나 ... 164

11. 메도디스트 부흥운동의 지원자 수산나 ... 171
1) 신성회(Holy Club) 2) 두 아들의 회심과 부흥운동에 관하여 3) 평신도 설교자와 여성 설교자 임명을 격려하는 수산나

12. 수산나의 말년과 자녀들의 효도 ... 178

13. 수산나의 자녀들 ... 183

14. 언제나 든든한 나의 아들 사미! ... 184
1) 뛰어난 효자 장남 사무엘 2) 교육자 사무엘 3) 동생들의 신앙 체험과 부흥운동을 반대한 보수적인 고교회주의자 4) 시인 사무엘

15. 총명한 딸들의 불행한 생애 ... 193
1) 18세기 사회에서 여성들의 생활 2) 나의 가련한 딸 헤티 - 시인 메히터블 3) 교육가 에밀리아 4) 수산나 5) 메리 6) 안 7) 아마추어 철학자 마르타 8) 케지아

17. 거룩한 삶 거룩한 죽음 - 영원한 청교도 수산나 ... 209

참고도서   214

웨슬리 가(家)의 계보(系譜)

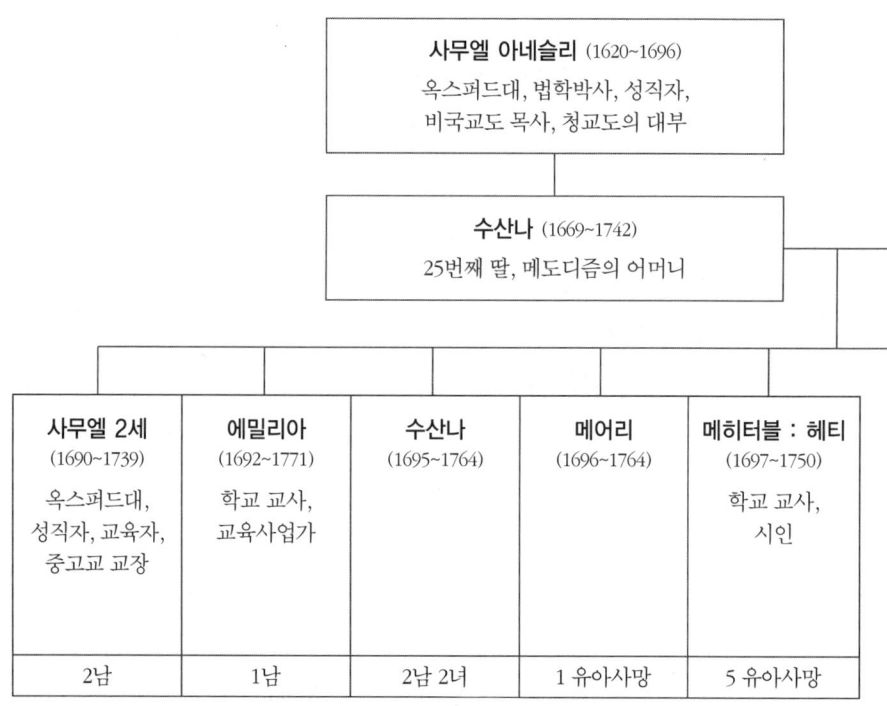

※ 수산나 웨슬리의 19명의 자녀 중에 9명은 유아기에 죽었으므로 장성한 3남 7녀만을 계보에 취급하였다.

웨슬리 가문

허버트 웨스틀레이
도세트 주의 영웅적 기사

바톨로뮤 웨슬리 (1595~1680?)
옥스퍼드대, 성직자, 의사, 비국교도 목사

존 (1636~1678)
옥스퍼드대, 성직자, 개혁자, 비국교도 목사

사무엘 (1662~1735)
옥스퍼드대, 성직자, 신학자, 시인, 국교도 목사

안 (1702~?)	존 (1703~1791) 옥스퍼드대, 국교회 성직자, 신학자, 옥스퍼드 대학 교수, 메도디즘 창시자	마르타 (1706~1791)	찰스 (1707~1788) 옥스퍼드대, 국교회 성직자, 찬송작가, 메도디즘 창시자	케지아 (1709~1741)
1남		1남(9 유아사망)	2남 1녀(5 유아사망)	

찰스 (1757~1834) 오르가니스트	사무엘 (1766~1837) 작곡가, 바이올리니스트	사라 (1759~1828) 시인

사무엘 세바스천 (1810~1876)
오르가니스트, 작곡가

엡윗의 웨슬리 가족

	이름	출생지	출생일	사망일	장지	수명
	사무엘 웨슬리	화이트 처치	1662년 말	1735. 4. 25	엡윗교회 묘지	73
	수산나	런던	1669. 1. 20	1742. 7. 23	런던, 번힐 필즈	73
자녀들						
1	사무엘2세 (어슐라 베리)	런던	1690. 2. 10	1739. 11. 6	티버튼	49
2	수산나	사우스 옴스비	1691	1693. 4	사우스 옴스비	유아
3	에밀리아 (하퍼)	〃	1692. 1	1771	런던	79
4, 5	아네슬리, 제디댜-쌍둥이	〃	1694	1695. 1. 31	사우스 옴스비	유아
6	수산나 (엘리슨)	〃	1695	1764. 12. 7	런던	69
7	메리 (화이트램)	〃	1696	1734. 11	루트	38
8	메히터블 (라이트)	엡윗	1697	1750. 3. 21	런던	53
9	이름 없음	〃	1698	출생 직후 사망	엡윗	유아
10	존	〃	1699. 5. 18	〃	〃	〃
11	벤자민	〃	1700	〃	〃	〃
12,13	이름 없는 쌍둥이	〃	1701. 5. 17	〃	〃	〃
14	안 (램버트)	〃	1702	?	?	?
15	존 (메리 바질)	〃	1703. 6. 17	1791. 3. 2	런던, 시티로드	87
16	유모에게 압사당한 아들	〃	1705. 5. 8	1705. 5. 30	엡윗	유아
17	마르타 (홀)	〃	1706. 5. 8	1791. 7. 19	런던, 시티로드	85
18	찰스 (사라 권)	〃	1707. 12. 18	1788. 3. 29	런던, 메릴본	80
19	케지아	〃	1709. 3	1741. 3. 9	런던	32

※( )는 배우자의 이름.

제1부

웨슬리의 선조들

1. 한 과부 이야기 (1066~1109)

웨슬리 가(家)의 뿌리는 어디까지 추적할 수 있을까? 또한 인류 역사에 빛나는 위대한 성자 존 웨슬리와 찰스 웨슬리의 선조들은 어떤 사람들이었을까? 반드시 알아야 할 일은 아니지만 대단히 흥미 있는 일이다. 웨슬리 형제가 하늘나라로 간 후부터 몇몇 영국감리교회의 역사학자들은 영국인들 중에 'Wesley'라는 성(姓)을 가진 사람들의 족보를 실로 끈기 있는 노력으로 추적하여 웨슬리 가(家)의 뿌리를 찾아보았다.

존 웨슬리의 후계자였던 아담 클라크(Adam Clarke)는 웨슬리의 선조들의 기원에 관하여 오랜 세월 동안 추적하였다. 그는 웨슬리 선조들이 이름의 어원으로 보아서 스페인에 살고 있던 아랍 민족 출신일지도 모른다고 생각했다. 그러나 이것은 오로지 이름의 알파벳 글자만을 보고 추측한 것에 지나지 않는다. 그는 또 웨슬리 선조들이 스페인으로부터 온 켈트족 출신일지 모른다고 판단하기도 했다. 그러나 그는 나중에 웨슬리 선조들은 본래 5세기 초부터 영국 땅에 침입하여 정착한 색슨족(Saxons)이라는 확신을 가졌으며, 이후 웨슬리 가(家)의 기원을 연구하던 모든 역사가들도 이러한 확신을 갖게 되었다. 역사가들은 웨슬리의 옛 선조들이 주로 영국의 남부와 서부 지방에 살았다는 증거를 얻고, 그 지방 웨슬리 가(家)의 자손들 가운데 옛날부터 전해 내려오는 가장 오래된 이야기를 찾아냈고, 이 이야기가 신빙성 있는 역사적인 사실이라는 확신을 갖게 되었다.

그 이야기는 다음과 같다.

11세기 영국은 지금의 프랑스 민족의 조상인 노르만족(Normans)의 침략을 받아 전쟁이 없는 날이 없었으며 결국은 노르만의 정복자 윌리엄(William the Conqueror)에 의하여 잉글랜드 전체가 정복당하고 노르만 제국의 통치를 받는 소위 '노르만 브리튼'

영국 남부 도세트 주의 어느 해안가 마을 전경

(Norman Britain, 1066~1109) 시대를 맞이하였다. 특별히 영국의 남부와 서부 지방은 노르만 군대의 잦은 침략을 받아 가장 비참한 전투가 오랫동안 벌어졌던 곳이다. 이 당시 남서부 지방에서는 16세 이상의 남자는 법에 의하여 무조건 전쟁에 징집되었다. 그래서 영국 남서부 지방에는 지금까지도 노르만족의 무서운 침략과 갖가지 전쟁 이야기가 많이 전해지고 있다.

원래 웨슬리 선조의 고향은 영국 남부의 서섹스(Sussex) 주였는데, 1066년에 노르만 군대가 그 지방을 처음으로 침략해왔고, 유명한 헤이스팅스 전투(The Battle of Hastings)에서 그 지방의 16세 이상 남자는 모두 전사하고 말았다. 이때 웨슬리 가(家)의 한 과부가 자기의 아들 딸들을 데리고 서머세트 주(Somersetshire) 지방의 작은 마을로 도망하여 숨어 지내며 자녀들을 키웠던 것이다. 웨슬리 과부가 도피하여 숨어 살던 그 마을의 처음 이름은 '웰스웨'(Welswe)였으며, 노르만 정복 후에는 '웰슬레'(Welslegh) 또는 '웰레슬레이'(Wellesleigh)라고 불렀는데, 바로 이 마을의 이름이 웨슬리 가(家) 이름의 기원이 된 것이다. 웨슬리 가(家)의 이름은 1539년부터는 '웰레슬리'(Wellesley) 또는 '웰슬리'(Welsly)라고 부르다가 마침내 오늘의 이름 '웨슬리'(Wesley)로 부르게 되었다. 때로 이 지방의 어떤 기록에는 웨슬리 가(家)의 이름이 '웨스틀리'(Westley)라고 나타나는데 이것은 마을 사람들이 '웨슬리'(Wesley)의 발음을 잘못한 데서부터 생겨난 오기였다.

웨슬리 과부는 용감한 여인이었다. 다른 과부들은 웨슬리 과부처럼 도피하지 않고 그 지방을 정복한 노르만족 군인들이나 혹은 노르만의 하급귀족들과 자발적으로 또는 대부분 강제로 결혼하였다. 그러나 웨슬리 과부는 그곳을 탈출하여 정절을 지키면서 하나님이 그녀의 자손들을 통하여 이루실 더욱 고상한 역사를 준비하고 있었던 것이다. 이 과부는 용기 있는 여인이었을 뿐만 아니라 기독교 신앙이 깊은 경건하고 지혜로운 여인이었다. 그녀는 자녀들을 철저한 기독교 신앙으로 양육하였고, 그 자녀들은 상당히 오랫동안 그 마을에 살면서 번성하였다. 이들 중에 한 지파가 아일랜드로 이주하여 큰 가문을 형성하였으며, 잉글랜드의 친척들과 상호 결혼을 통하여 계속적으로 긴밀한 관계를 유지하였다. 존 웨슬리의 고조할머니 엘리자베스 웨스틀레이는 아일랜드 출신이었다. 그러므로 존 웨슬리에게는 아일랜드 사람의 혈통이 섞여 있다. 그 용감한 과부의 자손들은 약 600년 동안 주로 영국 남부 서머세트 주(Somersetchire)와 도세트 주(Dorsetshire)의 여러 마을에 살면서 번성하였다.[1]

---

[1] 이 과부 이야기와 아일랜드 혈통 이야기는 *Proceedings of the Wesley Historical Society*(1914), pp.10~11에 발표된 기록을 참고하였다.

2. 중세기 기사도의 가문(1109~1595)

웨슬리 가문의 문장

아일랜드로 이주한 지파를 제외하고 대부분의 웨슬리 선조들은 영국의 남서부에 살았으며, 두 지파 모두 수백 년 동안 자신들의 고향에서 경건한 기독교 신앙과 학식과 도덕을 겸비하고 상당히 존경받는 가문을 이루고 살았다. 영국교회의 역사적인 기록이나 웨슬리 가(家)의 기록에 의하면 웨슬리 가(家)에서는 대대손손 성직자, 학자, 의사가 많이 배출되었으며, 특별히 중세기를 지나면서는 훌륭한 기사(騎士; Chivalry)가 많이 나왔다고 한다. 그래서 중세기 수백 년 동안 웨슬리 가(家)는 기사도의 가문(Chivalry race)이라고 불리기도 하였다고 한다. 웨슬리 가(家)는 옛날부터 조개 모양(shell)을 가문의 문장(紋章)으로 사용하였다. 아담 클라크는 조개 모양(Shell)이 중세기 십자군 전쟁에 나갔던 유명한 기사 계급의 문장이라는 것을 발견하고 웨슬리 선조들이 중세기부터 특별히 존경받는 명예로운 기사족이었다고 추측하였다. 감리교의 창시자 존 웨슬리와 찰스 웨슬리도 조개 모양을 자신의 가족과 자신의 고유한 문장으로 사용하였다.

중세기 영국에서 기사 계급은 사회적으로 상당히 높은 신분과 지위를 차지하고 있었다. 기사도는 11세기부터 봉건사회의 제도로서 영주의 개인 영토와 저택 안에서 형성되었다. 기사는 왕과 제후들을 호위하고 지방의 영주들을 호위하는 임무를 부여받은 준 귀족층에 속하였다. 봉건사회가 하나의 안정된 체제로서 정착하여 발전하면서 기사들은 종교적인 경건과 도덕적인 인격과 정의와 무술적인 용기를 갖추도록 훈련되었고, 시와 음악과 춤의 예술을 겸비한 중세의 신사(紳士)로 사회의 전면에 나타났다. 이렇게 하여 왕과 귀족들은 기사들을 자신들의 도덕적인 결함을 채워주고 자신들을 대신하여 일반 백성들에게 친절과 온화한 모습으로 가까이 하여 지배계층과 일반 백성 사이의 다리를 놓아주는 역할을 하게 하였다. 다시 말하자면 기사는 왕과 귀족을 보호하고 나라를 위기에서 구해내는 무사 내지는 전사(戰士)이기도 했지만 동시에 그들을 대신하여 백성을 만나는 권력을 부여받은 대리자였던 것이다.

기사는 언제나 종교적인 자애심과 도덕적인 덕망을 가지고 백성을 대해야 했다. 그래서 기사 후보생들은 목욕의식을 통하여 순결을 서약하고, 목욕하고 물에서 나올 때에는 순결의 상징으로 흰 가운을 입고, 그 위에 붉은 겉옷을 입었는데, 이것은 그가 왕과 귀족과 나라를 위하여 흘려야 하는 피와 희생을 상징하였다. 기사는 이와 같은 신성한 의무를 성실하게 실천할 수 있도록 배우고 훈련해야만 했다. 기사는 주기적으로 하루 종일 금식하고 교회에서 밤새도록 홀로 또는 성직자와 함께 기도로 지내야 했다. 또한 기사는 매주일 성직자가 목에 걸어주는 칼을 걸고서 성만찬을 받으며 미사에 참여하고 설교를 들어야 했는데 이것은 기사에게 부여된 종교적인 의식이며 신성한 의무였다. 기사는 교회의 정원 안에서 기사의 작위를 받는데, 이때의 의식은 무장하고 말에 올라타 창을 휘두르고 칼을 번쩍 들어 보이는 것이다. 이것은 교회의 신앙을 지키기 위하여 전투할 모든 준비가 되어 있음을 의미하는 것이었다. 그리고 곧 기사는 교회 마당을 떠나서 평민에게 자신을 보이러 나갔다.

이와 같은 중세기 영국 기사의 모습을 살펴보는 것은 웨슬리 선조들의 삶을 이해하는 데 꼭 필요한 것이다. 주(州; Shire)의 기사(騎士; Knight)는 탁월한 지위와 영향력을 가진 지도자로서 그의 이름과 거주지 위치는 물론 사회에 끼치는 정신적, 도덕적인 영향력이 잘 알려져 있었다. 웨슬리의 고조 할아버지 허버트 웨스틀레이(Sir Herbert Westleigh)는 당 시대의 영웅적인 기사였다. 그는 영국 남서부 데븐 주(Devonshire)의 기사였던 것 같다. 그는 영국 남부와 아일랜드에 사는 웨슬리 가(家)의 선조들이 수백 년 동안 신앙과 용기와 도덕으로 영국을 지켜온 기사들이었다는 말을 자기 아들들에게 남겼다. 그는 대단히 깊은 신앙과 기독교 학문으로 가득 찬 기사로서 특별히 시(詩)문학을 좋아하였다고 한다. 허버트 경의 부인 엘리자베스 웨스틀레이도 역시 아일랜드의 유명한 기사의 딸이었다. 허버트 경은 아들 셋을 낳았는데 그 중에 셋째 아들이 존 웨슬리의 증조할아버지 바톨로뮤 웨슬리다. 웨슬리의 선조들은 수백 년 동안 학식, 경건, 도덕, 시문학, 음악 그리고 충성심과 기사도 정신을 탁월하게 갖추고 국가와 교회와 사회를 지켜온 하나님의 사람들이었던 것이다. 그들은 수백 년 영국인의 종교와 정신세계, 그리고 영국 사회의 도덕과 문화를 형성하는 데 상당한 역할을 하였다.[2]

    1595년(존 웨슬리의 증조할아버지가 태어난 것으로 추정되는 해) 이전의 웨슬리 선조들에 관하여는 더 이상의 역사적인 기록이나 알려진 사실이 없다. 한 가지 확실한 것은 웨슬리 가(家)의 옛 선조들은 수백 년대를 이어오면서 탁월한 경건과 학식과 덕망을 갖춘 수많은 성직자, 학자, 의사 그리고 당 시대를 신앙과 도덕과 충성과 용기로서 지켜온 기사들을 배출하였다는 사실이다. 특별히 서머세트과 도세트 지방의 향토역사 기록과 오래된 교회들의 기록에 웨슬리라는 이름을 가진 성직자와 기사가 많이 발견되는 것은 웨슬리 선조들의 삶의 모습

---

2) George Stevenson, *Memorials of the Wesley Family*, pp.4~7.

을 보여주는 강력한 증거다. 웨슬리 가(家)의 옛 선조들이 기사도로서 하나님을 섬기고 역사를 지킨 사람들이었다면, 존과 찰스 웨슬리 형제와 그들의 증조부와 조부, 그리고 부친은 성직자와 복음전도자로서 하나님과 교회와 민족을 섬기고 역사를 밝힌 하나님의 종들이었다.

3. 바톨로뮤 웨슬리 – 메도디즘 창시자의 증조부(1595~1680?)

웨슬리 역사가들은 주로 영국 남서부의 서머세트 지방과 도세트 지방의 향토사(鄕土史)와 오래된 교회의 역사 그리고 웨슬리 가문(家門)에 전래되는 증언을 통해서 웨슬리의 족보를 추적하였다. 이들이 추적한 웨슬리 족보에 의하면 이름과 존재를 분명히 알 수 있는 가장 오랜 웨슬리 선조는 16세기에 살았던 웨슬리의 고조부모 허버트 웨스틀레이 경(Sir Herbert Westleigh)과 엘리자베스 웨스틀레이(E. Westleigh)다. 허버트 웨스틀레이 경은 경건과 학식과 덕망을 겸비하고 특별히 시문학에 탁월한 기사(Knight)로서 당대의 사회에서 대단히 존경받는 인물이었다. 그의 부인은 아일랜드 킬다레 지방의 명망 있는 기사의 딸이었다.

허버트 웨스틀레이는 아들 셋을 낳았는데 둘은 젊어서 죽고 막내아들 바톨로뮤(Bartholomew)는 국교회 성직자인 동시에 의사가 되었고 약 85세까지 장수하였다. 당시 영국국교회의 성직자들은 대체로 충분히 교육받지 못했으며, 때로는 기도문도 읽지 못할 정도로 무식하였다. 많은 성직자들이 목수나 양복장이들이었고, 심지어는 양조장 주인이나 술집 주인도 있었다. 이런 시대에 허버트는 아들을 옥스퍼드 대학에 보내어 신학과 의학을 공부시켰다. 바톨로뮤는 옥스퍼드에서 공부를 마치고 26세에 아일랜드 출신의 헨리 콜리 경의 딸과 결혼하였으며, 그 후 1640년까지의 활동에 관해서는 아무것도 알 수 없다. 다만 '도세트 주의 역사'에는 그가 1662년까지 카토스톤과 차마우트에서 두 교구(Parish)의 담임목사였다는 증거가 분명하게 남아 있다. 그는 두 교회의 목회자로서 도세트 지방에서 가장 존경받는 위치에 있었으며 일 년 수입은 32파운드의 상당한 수준으로서 도세트 주의 기사 가문의 아들로서 위엄을 지킬 만한 것이었다.

그러나 바톨로뮤는 고향에서 더 이상 목회를 계속할 수 없는 시련을 당하게 된다. 당시 그는 청교도주의의 영향을 깊이 받은 국교회 성직자였다. 국교주의 세력과의 투쟁에서 승리한 올리버 크롬웰이 왕을 축출하고 청교도 의회정치를 하고 있을 때 그는 1651년 왕 찰스 2세가 프랑스로 도망가는 것을 방해하거나 체포하려 했다는 사건에 연루되어 비국교도로 낙인 찍히고 핍박을 받기 시작했다. 그는 1661년에 찰스 왕이 복귀하자 곧 두 교구로부터 축출당했다. 그는 이전에도 목회를 하면서 의사로서 봉사를 하고 있었으나 축출당한 후부터는 전적으로 가난한 사람들을 위한 의료 활동에 헌신하였다.

그는 의사로 살면서도 설교를 멈추지 않았다. 정기적으로 또는 비정기적으로 마을의 교회에 초청받아 설교하였고, 마을들을 방문하여 사람들을 모아 설교를 하면서 전도를 계속하였다. 그래서 그는 21년 동안 두 교구에서 탁월한 설교자로 존경받았으며 특별히 교구민들은 그의 깊고 해박한 성경 지식과 일반교양을 사용한 충실하고도 솔직담백한 설교를 좋아하였다. 또한 그의 경건과 충성, 온화한 목자의 성품과 사랑의 생활은 교구민들의 가슴속에 깊이 새겨졌다. 그는 교회에서 축출당한 후에도 차마우트에서 교구민들의 존경을 받으며 계속 살았으나, 1665년 국교정책에 반대하는 비국교도는 교구로부터 5마일 밖으로 나가서 사람들과의 교제를 끊으라고 하는 '5마일 법령'(Five Mile Act)이 선포되자 곧 모든 것을 빼앗기고 마을에서 쫓겨나 도세트의 산골짜기에서 가난하고 고독하게 살 수밖에 없었다. 그는 이러한 고독과 시련 중에 장래가 촉망되는 젊은 아들(존 웨슬리)을 앞서 하늘로 떠나보내는 슬픔을 당하였다.

바톨로뮤는 아주 키가 작은 사람이어서 '미약한 목사'라고 불리기도 하였다. 작은 키는 웨슬리 가(家)의 특징으로서 웨슬리 가(家) 사람들의 평균 키는 약 163~168cm며, 웨슬리 형제와 사무엘 목사도 이 범위 안에 속한다. 바톨로뮤는 친절하고 경건하고 학구적이고 부지런한 성품을 지닌 충성된 목회자요 사랑의 의사였다. 그는 어떠한 고난을 당하더라도 자신의 신앙 양심을 단호히 지켰으며 결코 정치적인 타협을 하거나 굴복하지 않고 끝까지 신앙의 전사(戰士)로서 살았다. 그는 선조들의 기사도 정신을 이어받아 신앙을 지킨 복음의 기사였다. 바톨로뮤는 차마우트에서 최초의 비국교도가 되었으며 최초로 추방당한 비국교도였다. 추방당한 후 15년간의 삶은 참으로 긴 고독과 고통의 나날이었으나 그는 성경의 진리와 복음의 신앙, 그리고 자신의 양심과 신념을 고결하게 지키며 살았다. 그는 1680년, 약 85년간의 거룩한 신앙의 투사(鬪士)의 여정을 마쳤다. 그리고 몇 년 후 차마우트에는 그를 존경하던 비국교도들에 의하여 교회가 세워져 지금까지 신앙의 투사 바톨로뮤의 고결하고 온화한 정신을 기리고 있다. 그의 비문에는 다음과 같은 찬송시구가 새겨져 있다.

이제부터 영원히 외쳐 부를 노래여!
우리 주 예수 다 이루었도다.

4. 존 웨슬리 – 메도디즘 창시자의 조부(1636~1678)

1) 청교도 신앙의 투사

존 웨슬리의 조부

존 웨슬리는 메도디즘의 창시자 존 웨슬리의 조부다. 그는 바톨로뮤 웨슬리의 외아들로서 자신의 손자와 이름이 동일하다. 그는 어려서부터 엄격한 청교도 양육을 받으며 자랐으며, 특별히 신앙심이 깊어 죄로부터의 구원을 갈망하고 성경연구와 기도에 전력을 다하였으며, 소년 시절부터 영성 일기를 쓰기 시작하였다. 그의 일기는 자신의 영적 각성과 발전 과정만 아니라 자신의 영적 생활의 구체적 방식, 특히 영혼의 고백과 자신에 대한 하나님의 계시와 비밀한 섭리를 찾아가는 체험을 다루고 있다. 그가 일생 동안 기록한 이 귀중한 일기는 안타깝게도 분실되었지만, 칼라미 박사(Dr. Calamy)는 그의 책 「비국교도들의 추억」에서 존 웨슬리의 일기 일부를 소개해 주었다. 일기에 의하면 그는 소년기부터 하나님과 하나님의 사업에 완전히 헌신된 거룩한 생애를 살았다. 특히 그는 22세부터 화이트처치 교구에서 설교하였다.

그는 15세에 옥스퍼드 대학에 들어가 동양어와 신학을 전공하고 문학석사(MA) 학위를 받았다. 바로 이때 청교도 혁명이 일어나 찰스 1세가 목 베임을 당하고 올리버 크롬웰의 청교도 정부가 들어섰다. 이러한 시대에 그는 옥스퍼드 대학 뉴인홀(New Inn Hall)에서 당대의 저명한 청교도 신학자들을 만나 탁월한 학문과 경건성을 배웠다. 특별히 당시 옥스퍼드의 총장(Vice Chancellor)이요 청교도 신학의 거장인 존 오웬(J. Owen)은 웨슬리의 총명함, 근면한 학구열 그리고 경건성을 높이 평가하고 그를 총애하였다. 존 웨슬리는 영국이 역사적으로 비국교도가 득세하던

AD 1000년경에 세워진 옥스퍼드 대학 전경

짧은 시기에 옥스퍼드 대학을 다녔고 졸업을 한 후 곧 아버지가 있는 차마우트 근처 웨이마우트(Weymouth)에서 비국교도 회중교회(gathered church)의 목사가 되었다. 그는 종종 해변가와 어촌 마을을 다니면서 열심히 전도하고 교회를 부흥시켰다. 그는 21세의 청년이었지만 그의 경건성은 성숙했고 탁월했다. 그는 국교회의 안수를 받지 않은 채로 1658년에 화이트처치(Whitchurch) 교구교회의 담임목회자가 되었다. 이때는 크롬웰의 청교도 공화국의 보호 밑에서 비국교

화이트처치 교구교회

도들이 증가하고 있었다. 그는 국교회 감독의 안수 대신 비국교도교회(장로교회, 독립교회, 침례교회)의 목회자 연합심사위원회의 시험을 통과하였다. 그리고 그 해 말에 도세트 지방의 윈터번-화이트처치 교구교회의 담임목사(vicar)로 임명되어 1662년에 국교회로부터 강제축출될 때까지 헌신적인 목회를 하였다. 교인들은 그를 존경하였으며, 그의 타고난 영성, 깊은 신앙체험, 학식, 근면

그리고 열정에서 나오는 설교를 좋아하였다.

웨슬리는 그의 교구목회가 정착되던 23세 때에 화이트 목사의 딸과 결혼하였다.

존 화이트(1574~1648)는 윈체스터학교와 옥스퍼드 대학을 졸업하고 도체스터 지방의 트리니티 교구의 목사가 되었다. 그는 1630년에 아르미니우스주의에 반대되는 설교를 했다는 이유로 로드(Laud) 대주교에게 기소되고 많은 시련을 당했다. 그는 할 수 없이 런던으로 피신했다가 사보이(Savoy) 교구의 목사가 되었으며, 1645년에는 그 유명한 람베트(Lambeth) 교구의 목사가 되었다. 그러나 2년 후에 결국 람베트 교구에서 밀려나고 고향으로 돌아와 1648년에 죽었다. 화이트 목사는 당대의 탁월한 목회자요 메도디즘 창시자의 말대로 순전한 복음을 전한 신학자였다. 그의 고향 사람들은 오랫동안 그를 '도체스터의 위대한 아버지'라고 불렀다. 메도디즘의 창시자 웨슬리는 동생 찰스에게 보낸 편지에서 할머니의 아버지(외증조부)에 대하여 다음과 같이 썼다.

"할아버지 – 아버지 – 아들 – 손자로 대를 이어가며 천년 동안이나 순전한 복음을 설교하는 것은 내가 아는 한 아주 드문 일이다. 그리고 한때 웨스트민스터 신학자의회(the Westminster Assembly of Divines)의 의장이었던 화이트 목사가 바로 우리의 할머니의 아버지라는 사실을 너는 아느냐?"

2) 용감한 개혁자

화이트처치 교구의 목사가 된 후에도 존 웨슬리는 국교회 감독의 안수를 받지 않았다. 대신 그는 비국교도 연합 목사시험(Triers)을 통과하였으므로 교구 목사로서 충분한 자격을 갖추었다고 확신하고 있었다. 또한 그는 계속해서 국교회의 공동기도서(The Book of Common Prayer; 국교회 예배서) 사용을 거부하고 청교도 전통의 단순한 예배를 실천했다. 이러한 태도 때문에 그는 가혹한 시련을 당하게 되었다. 1661년에 그는 체포되어서 감옥에 갇히고 국교회 감독은 웨슬리를 불러서 감독의 안수를 받지 않는 이유와 국교회의 예배서(Liturgy)를 거부하는 태도에 관하여 조사하였다. 감독과 웨슬리 사이의 약 10여 쪽에 달하는 대화는 「비국교도들의 추억」에 기록되어 전해졌다. 그 대화의 중요한 몇 줄을 인용하면 다음과 같다.

감 독 : 당신은 성식 안수를 받았는가? 누구에게 안수를 받았는가?
웨슬리 : 나는 복음을 설교하기 위하여 보냄을 받았다.
감 독 : 누가 당신을 보냈는가?
웨슬리 : 그리스도의 교회에 의하여 보냄을 받았다.
감 독 : 당신이 설교하기 원하면 영국교회의 안수를 받아야 한다.
웨슬리 : 나는 안수 대신 하나님과 사람들로부터 설교의 소명을 받았다.
감 독 : 안수 받지 않는 이유를 말하라.
웨슬리 : 나는 직책(office)에 부름 받지 않고, 복음전파와 목회에 부름 받았다. 그러므로 나는 영국교회의 안수를 받을 필요가 없다.[3]

---

3) George Stevenson, 같은 책, pp. 26~27.

당시 웨슬리는 25세의 약관이었으나 국왕의 권력을 대행하는 국교회의 감독 앞에 선 그의 모습은 순전한 경건, 정의감, 용기, 불굴의 의지, 정직으로 가득 차서 마치 교황 앞에 선 루터와 같이 보였고, 그의 대답에는 성경적·복음주의적 신앙관이 명백하게 나타난다. 그는 조사 직후 감옥에서 풀려나 화이트 처치 교구에 돌아왔지만 곧 다시 체포되어 감옥에 갇히었다. 그는 감독에 의하여 고소당하고 법정에서 재판을 받았다. 죄목은 국교회의 공동기도서를 사용하지 않았다는 것이었다. 법정에서 재판관과 웨슬리의 대화 중 중요한 내용은 다음과 같다.

  재판관 : 당신은 왜 공동기도서를 사용하지 않는가?
  웨슬리 : 공동기도서는 결코 나의 신앙 양심에 맞지 않는다.
  재판관 : 당신은 성직 안수를 받았는가?
  웨슬리 : 나는 복음을 전하기 위해서 하나님의 소명을 받았다.[4]

위의 대화에서 나타난 웨슬리는 영국 왕의 국교정책에 저항하면서 국교회의 예배서(Liturgy)와 국교회의 성직 안수를 거부하는 철저한 비국교도였으며 순전한 청교도였다. 그는 오로지 하나님 앞에서 성경과 신앙 양심에 따라서만 행동하는 진정한 개혁자요, 성경과 신앙 양심에 맞지 않는 그 어떤 불의한 권력이나 제도나 의식에 결코 굴복하거나 타협하지 않는 영원한 개혁자였다. 그는 성경과 사도들의 신앙과 초대교회의 복음주의 신앙의 전통만을 따르며 결

---

4) 같은 책, p.29.

코 어떤 인간이나 나라나 세속적인 지배를 받지 않는 거룩하고 순전한 교회, 즉 성경적·사도적·초대교회적·복음적인 교회를 세우기 위해 싸우는 용감한 복음의 투사였다.

3) 개혁자의 시련

웨슬리는 법정에서 조사를 받은 후 약 반년 동안 정상적인 목회를 계속하였으나 1662년 8월에 눈물을 흘리는 교인들에게 고별설교를 한 다음 화이트처치 교구로부터 축출되었다. 이때부터 웨슬리 가족은 정처 없이 이곳저곳을 다니며 살아야 했다. 축출당한 지 3개월 후에 살 집도 없고 양식도 없는 가난 속에서 웨슬리는 어린 자식들을 데리고 마을에서 쫓겨나 이전에 살던 멜콤으로 이주하였다. 이때 메도디즘의 창시자 존 웨슬리의 아버지 사무엘 웨슬리는 생후 9개월밖에 안 되었다. 그렇지만 웨슬리의 적들은 웨슬리 가족이 멜콤에 거주하지 못하도록 방해하여 이전에 살던 집에 살 경우 20파운드 5실링의 벌금을 물도록 하였다. 이것은 전적으로 부당하고도 잔인한 심판이었다. 웨슬리 가족은 군수와 지역 유지들에게 호소하였으나 아무 효력을 못보고 그 지역에서 쫓겨났다. 옛 지인들이 있는 몇 곳을 가보았지만 역시 정착에 실패하고 브릿지워터와 톤턴에 차례로 정착하였다.

그는 이곳에서 장로교인들과 침례교인들과 독립주의자들의 친절한 도움을 받으며 거의 매일 설교하고 종종 성만찬을 집례하였다. 이곳의 목사는 메도디즘의 창시자 웨슬리가 존경하였던 유명한 청교도 신학자 리처드 알레인이었는데, 그도 역시 자신이 목회하던 교구로부터 축출되어 감옥에 있어서 교인들은 설교자를 찾고 있었다. 웨슬리 가족의 생활은 계속 가난하고 고달픈 것이었다. 한 가지 그들에게 위로가 되었던 것은 어느 부유한 신사가 근처 프레스톤에 임대료 없이 집을 빌려주어 살게 된 것이다. 그는 여기에 정착하고 가정 학교(home schooling)를 통하여 어린 자녀들의 교육을 시작할 수 있었다.

이때 웨슬리는 아메리카에 선교사로 가거나 이민 가기를 원했지만 여비가 없어 뜻을 이루지 못했다. 만약에 그가 아메리카로 갔다면 메도디즘의 창시자 존 웨슬리의 부흥운동은 일어나지 못했을 것이다. 웨슬리는 더 이상 설교하거나 심지어 공중예배에 참여하는 것도 금지당하고 여전히 가난하고 고독하게 지낼 수밖에 없었다. 그는 친구들의 도움과 학생들의 개인교사를 하여 얻은 수입으로 생활을 이어갔다.

그러던 중 웨슬리는 조심스럽게 설교를 재개했고 비국교도들을 모아 교회를 열고 목회하면서 순회전도를 시작하였다. 얼마 후에 그는 풀(Poole)에 있는 비국교도 회중의 초청을 받아 새로운 목회를 시작하였으나, 몇 달 후(1665)에 '5마일 법령'이 선포되자 또다시 투옥되고 그 후에도 세 번이나 투옥되었다. 마지막에는 그의 가족은 물론 교인들과 교구민들 누구도 만나지 못하도록 비밀한 장소에 감금 고립되었다. 웨슬리를 따르던 교인들도 벌금을 물거나 투옥되어 체벌을 받았다.

그는 42세의 젊은 나이에 아내와 3남 1녀의 자녀를 남기고 고난에 찬 순례를 마치었다. 그는 3남 1녀의 자녀를 낳았는데 모두 다 결혼하였으며 첫째와 둘째에 대하여는 알려진 바가 없고 셋째 마튜와 넷째 사무엘은 각기 의사와 목사가 되었다. 그의 부인은 홀로 32년간 어린 자녀들을 부양하고 교육시키면서 가난하고 힘겨운 삶을 살았다. 그녀는 가난 속에서도 한 아들은 의사로 다른 아들은 목사로 키우는 데 성공하였다. 웨슬리 부인은 친정으로부터 아무런 도움도 못 받았고 오로지 두 아들의 작은 도움을 받으며 살았다. 용감한 전도자, 복음의 투사 웨슬리 부인은 가난과 고독 속에서도 결코 그녀의 의무를 포기하지 않고 두 아들의 신앙과 교육을 위해서 전 생애를 다 바치면서 기도로 살았다. 용감한 전도자, 복음의 투사 웨슬리 부부의 헌신과 신앙의 승리는 메도디즘의 창시자 웨슬리 형제를 낳는 거룩한 산고였던 것이다.

5. 사무엘 아네슬리 – 메도디즘 창시자의 외조부(1620~1696)

1) 청교도의 대부

사무엘 아네슬리는 메도디즘의 어머니 수산나를 낳은 존 웨슬리의 외조부다. 그는 17세기의 대표적인 청교도 목사요 신학자로서 유명한 리처드 박스터의 절친한 친구였다. 그는 네 살 때 아버지를 잃었으나 신앙심이 깊은 어머니는 아들의 신앙 교육에 헌신하였다. 그는 유년 시절에 벌써 성직자가 되려는 믿음을 갖고 하나님께 헌신

사무엘 아네슬리

하였다. 어느 날 그는 기도하는 중에 자기가 런던 주교에게 성직 안수를 받고 목사로 파송 받았으나 화형을 당하여 순교하는 꿈을 꾸었다. 이러한 무서운 꿈을 꾼 후 그는 오히려 성직자가 되려는 기도를 더욱 열심히 하였다.

그는 15세에 옥스퍼드 대학에 들어갔고 1644년에 성직 안수를 받고 영국 해

군 함대의 군목이 되었다. 1648년에는 옥스퍼드 대학에서 민법박사 학위(DCL)를 받았으며, 같은 해에 국회의 초청으로 국회에서 설교하면서 정치 지도자들의 주목을 받았다. 그는 설교에서 국왕을 비판할 뿐 아니라 국왕 찰스 3세를 살해한 크롬웰을 공개적으로 비판하여 교구에서 추방당하고 런던의 가장 작은 교구로 밀려났다. 그러나 그의 설교의 명성이 높아 1657년에 성 바울 성당에서 매주일 설교하도록 임명되었다. 그리고 다음해에 그는 올리버 크롬웰의 아들 리처드 크롬웰의 특별한 임명으로 성 가일 대교구의 목사가 되었다.

사무엘 아네슬리는 1662년 왕정복고가 되었을 때에 국교 통합 정책에 순응하느냐 마느냐의 문제로 딜레마에 빠졌다. 국교 정책에 순응한다는 것은 국교회의 교리와 예전과 감독의 성직 임명제를 포함한 모든 국교회의 권위에 복종하는 것을 의미하였다. 만일에 그가 국교 정책에 서약한다면 장로제도에 의하여 안수 받은 그는 국교회의 감독에게 다시 안수를 받아야 했다. 그는 교인들의 요구와 자신의 안전과 가족의 안전한 생활을 위하여 국교회에 타협하느냐, 아니면 타협을 거부하고 고난의 길을 가느냐의 갈림길에서 고뇌하다가 결국 자신의 신앙 양심과 참되고 거룩한 교회를 지키기 위하여 런던에서 가장 좋은 교구인 성 가일 교구교회의 목사직을 떠났다. 당시에 같은 길을 갔던 탁월한 청교도 목사들 중에는 리처드 박스터, 다니엘 윌리엄즈, 그리고 존 웨슬리의 고조부 바톨로뮤도 있었다. 1662년은 영국교회사에서 국교주의와 비국교주의의 거리가 양극단으로 벌어지는 중대한 전환이 이루어진 해다. 즉 교회를 순결하게 하고 개혁하려고 했던 옛 청교도(Puritans)는 이제 비국교도(Nonconformists)로 그 신분을 바꾸어서 임무를 계속하였다. 그들은 자신들의 회중을 조직하고 목회를 정착시키고 집회소(Meeting House)를 마련하고 신학교를 운영함으로써 실제로 국교회와 분리된 제도적인 독립교회(Free Church)를 설립하였다.

아네슬리 박사는 성 가일 교구를 떠난 후에 런던의 스피타필드에 있는 약 800명의 비국교도가 모이는 집회소에서 설교하였다. 그는 1672년에 장로교 '교사'(Teacher, 설교와 함께 성경과 교리를 가르치는 직임)의 자격증을 받았으며, 거기서 1696년 죽을 때까지 목회하였다. 그는 이 교회(집회소)에서 일생 동안 모든 면에서 가장 이상적인 개신교 목사(Reformed Pastor)상을 보여주었다. 당시의 런던 시민들은 아네슬리 목사의 거룩한 희생을 오랫동안 잊을 수 없었다. 유럽을 휩쓸며 런던 인구의 30% 이상을 죽게 한 페스트[5]로 인하여 고통당하는 병자들과 그 가족을 돌보는 그의 사랑의 수고를 보고 런던 시민들은 그를 '런던의 목사'라고 칭하였다.

아네슬리 박사의 목회는 결코 순탄치 못했다. 그는 퀘이커교도[6]의 방해와 세력 있는 국교도의 박해를 끊임없이 받았다. 그의 집회소가 습격당하여 파괴되고, 비국교도 예배를 행한다는 죄목으로 상당액의 벌금을 강제로 물었으며, 심신의 고통을 심하게 받아야 했다. 또한 두 딸의 행동은 그에게 더욱 심한 고통과 수모를 안겨주었다. 딸 하나는 부모에게 알리지도 않고서 악명 높은 교황주의자(Popist, 당시 영국에서 가톨릭교도를 일컫는 별명)와 결혼하였는데 이 일로 인하여 그는 심적인 고통과 교회적이고 사회적인 모욕을 당해야 했다. 그리고 막내딸 수산나(메도디즘 창시자 존 웨슬리의 모친)는 13세도 채 안 되어 국교회로 가버렸다. 아네슬리 박사는 수산나의 행동에 처음에는 놀라고 당황했으나 곧

---

[5] 페스트 균의 감염에 의하여 일어나는 급성전염병으로서 14세기 중엽 전 유럽에 대유행한 이래 흑사병이라고도 한다. – 필자 주
[6] 1647년 영국인 G.폭스가 창시한 프로테스탄트의 한 교파이다. – 필자 주

딸의 생각과 결정을 이해하고 수용하려고 하였다. 하지만 당대의 대표적인 비국교도로서 그의 명예와 목회에는 분명히 하나의 상처가 아닐 수 없었다.

그는 이러한 고통 속에서도 결코 개혁자로서의 발걸음을 늦추지 않았다. 그의 부친은 거대한 땅을 소유한 정부의 고급 관리로서 상당히 많은 재산을 소유한 부자였으므로 외아들인 사무엘은 부친의 모든 재산을 물려받았다. 그는 그 유산을 비국교도 목회자를 양성하고 지원하는 '공동기금'(Common Fund)을 설립하고 운영하는 데 사용하였다. 그리고 1694년에는 최초로 그의 집회소에서 비국교도 목사 안수식을 거행하였다. 1696년에 출판된 「리처드 박스터의 생애」에서 아네슬리 박사는 다음과 같이 묘사되었다. "아네슬리 박사는 비국교도라는 이름 때문에 수많은 고난을 겪었으나, 그 모든 고난도 그의 신앙과 양선(goodness)과 기쁨과 유머(humor)를 빼앗아가지 못했다. 그는 가장 신실하고 경건하고 겸손하며 전적으로 하나님께 헌신된 그리스도의 종이다." 그의 사위요 당대에 런던의 유명한 출판가였던 존 던톤은 그의 장인을 가리켜 '영국의 살아 있는 사도 바울'이라고 칭하였다.

2) 영국의 사도 바울

사무엘 아네슬리 박사는 17세기 영국의 대표적인 청교도요, 비국교도들의 영적인 대부였다. 당시에 명망 높은 비국교도 인사들은 아네슬리 박사의 가정을 자주 방문하여 경건과 학문에 관하여 진지한 대화를 나누며 영국교회의 개혁을 위해서 함께 일했다. 그런 인사들 중에는 총 22권의 책을 저술한 토머스 만튼, 문학가 대니얼 디포, 당대에 청교도의 경건과 신학의 표상인 리처드 박스터, 옥스퍼드 대학교 총장으로서 청교도의 왕자라 불리던 존 오웬 등이 있었다. 아네슬리의 인물과 성품과 목회는 여러 가지 역사적인 기록을 통하여 엿볼 수 있다. 그는 키가 크고 뛰어난 외모에 위엄과 지성과 경건이 드러나 보이는 인상을 지닌 탁월한 인물이었다. 막내딸 수산나의 뛰어난 미모와 경건미는 그녀의 아버지로부터 물려받은 것이었다.

그러나 그의 내면은 더욱 흠모할 만하였다. 17세기 영국의 대표적인 소설가로서 「로빈슨 크루소」의 저자인 대니얼 디포(D. DeFoe)는 아네슬리 목사가 담임한 런던 성 가일 교구의 충성된 교인이었다. 디포는 자신이 경험한 아네슬리 박사에 관하여 "그는 하나님의 말씀의 원칙을 실행하는 신앙과 용기와 신실성, 그리고 소명에 대한 헌신과 자신의 신앙 양심을 지키는 확고부동한 의지의 사람이며, 목사와 설교자로서는 그보다 더 좋은 표본이 없을 것"이라고 하였다.

가장 가까운 친구였던 리처드 박스터는 아네슬리 박사를 "용기와 인내와 인자함이 가득한 사람이며, 특히 그에게 있어서 모든 사람에게 지워지지 않는 인상을 심어주는 가장 아름다운 점은 겸손함"이라고 말했다. 또한 박스터는 "아무도 그가 자신의 재능이나 한 일에 대하여 자신의 노력을 인정하는 말조차 하는 것을 보지 못하였다"고 하면서 "그는 실로 겸손의 사도(an apostle of humility)"였다고 말했다.

현대 영국 감리교 신학자 존 뉴턴은 아네슬리의 삶을 '철저한 경건'(downright godliness)이라고 표현하면서, 그의 손자 존 웨슬리가 추구한 '마음과 삶의 성결'(holiness of heart and life)과 동일한 것으로 보았다. 실제로 웨슬리는 아네슬리의 설교를 그의 「기독교 문고」에 넣었다. 웨슬리는 아네슬리의 설교를 해설하는 글에서 "그리스도와 성결, 성결과 그리스도, 이 두 가지 말로 당신의 마음과 행위와 모든 대화를 직조하라. 이것이 진정한 기독교요 철저한 기독교(downright Christianity)다"라고 하면서 아네슬리가 가르친 기독교를 '사랑으로 역사하는 믿음'이라고 요약하고, "도덕성이 없는 신앙은 철저한 위선(downright hypocricy)이며, 진정한 기독교는 선행으로 가득 찬 거룩한 신앙이다"라고 역설하였다.[7]

특별히 그는 진정한 기독교란 신적인 양심을 따르는 것으로 보았으며, 인간 안에 있는 신적인 양심을 중요시하는 '양심의 신학자'였다. 그는 자신이 국회에서 행한 유명한 설교 '신적인 양심과 그리스도인의 의무'에서 신적인 양심에 대하여 다음과 같이 말하였다.

"하나님을 부정하는 실제적인 무신론자라 할지라도 하나님의 대리자(God's deputy)인 너의 양심을 없앨 수는 없다. 또한 성경이라는 태양빛을 거부하는 자라 할지라도 마음속에 살아 있는 신적인 양심의 촛불을 끌 수는 없다. 양심은 신발 속의 돌멩이와 같이 인간의 마음을 괴롭히며, 양심은 잠투정하는 어린아이같이 인간을 성가시게 하고, 잠든 어린아이처럼 또다시 깨어나 성가시게 하는 것이다. 잠자는 양심이 가장 두려워하는 것은 깨어나게 하는 하나님의 말씀이다. …… 정상적인 그리스도인은 성경을 통하여 떨리는 양심과 깨어 있는 양심을 가진 자다."[8]

당시의 대표적인 청교도 학자들과 달리 아네슬리 박사는 유일하게 한 번도

---

7) J. Wesley, *A Christian Library*, 24, p.453.
8) 사무엘 아네슬리 박사의 설교 'The Morning Exercise at Cripplegate', ed., Annesley 중에서 인용, (1661), p.5 : J. Newton, *Susanna Wesley*, p.33.에서 재인용.

신학 논쟁에 관여한 적이 없었다. 이것은 바로 그의 성품의 표현이며, 또 일생 동안 오직 한길 목회에만 전념하였다는 것을 말해 준다. 그의 사위 존 던톤은 아네슬리 박사를 탁월한 경건과 겸손으로 무장된 하나님의 사람이라고 칭하면서 그의 생애의 위대한 사업과 기쁨은 죄인들을 설득하여 하나님께로 돌아오게 하고 하나님의 말씀으로 가르쳐 그들의 영혼을 복되게 하는 것이었다고 말했다.

대니얼 디포는 아네슬리 박사가 박스터와 함께 실천신학(practical divinity)의 살아 있는 표본이었다고 평가했다. 목회자로서 아네슬리의 가장 훌륭한 은사는 그의 탁월한 설교 스타일이었다. 그는 성경의 의미를 정확하게 해석하고 해석된 본문의 의미를 확고하고 평이한 언어로 단순하게 표현하면서 모든 설교에서 친근하고 실제적인 예화(homely illustration)를 잘 사용하였다. 아네슬리 박사는 일평생 수많은 영혼들을 깨우고 살리고 자라게 하고 복되게 하는 참 목자였다. 그는 자신의 친구 리처드 박스터가 쓴 「참된 목자」(Reformed Pastor)를 삶으로 그려낸 참된 목자였으며, 이러한 그의 거룩한 경건과 참된 목회는 손자 존 웨슬리에게서 더욱 위대하게 빛났다.

제2부

메도디즘 창시자의 아버지

사무엘 웨슬리

(1662~1735)

1. 쫓겨난 비국교도의 아들

사무엘은 1662년 영국 남부 도체스터에서 아버지 존 웨슬리의 네 자녀 중에 막내로 태어났다. 그의 어머니는 도체스터 트리니티 교구의 목사요 도체스터 지방의 대부(大父)로 알려진 존 화이트 목사의 딸이었다. 그가 태어난 지 9개월 만에 부친 존 웨슬리는 1662년 비국교도 성직자 2,000명이 대축출될 때 함께 축출되어 담임하던 화이트처치 교구에서 쫓겨났다. 이때부터 사무엘의 가족은 살 집도 없이 방랑생활을 하면서 온갖 종류의 박해와 시련, 지독한 가난과 고독을 견디며 살아야 했다. 그리고 그가 16세 되던 해에 아버지가 죽자 어머니는 홀로 네 자녀를 길렀다. 그의 어머니는 비국교도들의 도움을 조금 받았지만 역시 극심한 가난 속에서 살 수밖에 없었다. 그러나 자신에게 남은 사명은 네 자녀에게 정통 기독교 신앙과 교육을 주는 것이라고 믿고 이것을 위해서 모든 것을 바쳤다.

사무엘은 16세까지 도체스터의 비국교도 학교에 다녔으며, 18세까지는 런던의 에드워드 빌 비국교도 아카데미에서 수학하였다. 여기서 그는 아버지의 스승인 존 오웬의 추천을 받아 런던의 명문 비국교도 학교인 스토크 뉴잉톤 아카데미에 갈 수 있었다. 두 학교에서 그는 당시 가장 뛰어난 비국교도 스승들에게서 배웠으며 탁월한 학문적 소질을 보였다. 특히 문학에 소질이 있어서 이때 벌써 훌륭한 수십 편의 에세이와 시를 지었는데 이 작품들은 훗날 그의 첫 저작에 실렸다. 사무엘은 후에 자신이 런던에서 학교를 다닐 때 존 번연의 설교를 몇 번 듣고서 깊은 감명을 받았다고 추억하였다.

2. 걸어서 옥스퍼드까지 – 비국교도에서 국교도로

사무엘은 21세 되던 해에 자신의 신앙과 정치적인 입장에서 중대한 전환기를 맞이하였다. 선조들이 오랫동안 충실히 지켜온 비국교도 신앙을 떠나서 국교도가 되기로 결정한 것이다. 어떻게 이런 급작스런 변화가 일어났는지는 분명히 알려지지 않았으나 아들 존 웨슬리에 의하면 사무엘은 머튼 아카데미에서 실력을 인정받아 비국교도에 대한 국교회의 반대이론을 연구하여 잘못을 지적하라는 연구 과제를 받았다. 그는 이 숙제를 하다가 국교회의 비국교도에 대한 반론이 정당하다는 결론을 내렸다. 그리고 비국교도를 떠나 국교도가 되기로 결정하고, 더 이상 비국교도 학교에 머무를 이유가 없다고 판단한 뒤 다음날 아침 일찍 일어나 몇 시간을 걸어서 옥스퍼드 대학으로 갔다. 비국교도는 옥스퍼드 대학이나 케임브리지대학에 들어갈 수 없었으나 이제 사무엘은 국교도로서 자격을 갖추게 된 것이다.

국교회 안에는 사무엘을 도와줄 사람이나 아는 사람이 아무도 없었으며 가난했기 때문에 그는 성적부진 학생들을 지도하거나 일을 하는 근로 장학생으로 공부하였다. 사무엘은 신념과 야망과 용기를 가진 청년학도였다. 그는 잠도 제대로 못 자고 배고픔과 추위와 고독으로 고생했지만 성실하게 공부해서 가장 우수한 성적으로 졸업하였고 같이 입학한 학생들 중에서 제일 먼저 B.A. 학위를 얻었다. 옥스퍼드에서 5년간 공부하면서 그는 확고한 국교도가 되었으며, 특별히 고교회(High Church) 경건주의와 영국 왕과 국교회에 충성하는 신앙으로 성직의 길을 준비하였다. 그는 1688년에 집사, 다음해에는 장로의 성직 임명을 받았다.

3. 감독으로 추천되었으나 일생 시골 목사로 살다

사무엘은 1688년 명망 높은 청교도 지도자인 아네슬리 박사의 25자녀 중에 막내딸 수산나와 결혼하였다. 수산나는 목사의 아내로서 더 이상 좋을 수 없는 최고의 배필이었다. 그녀는 신앙 좋은 집안의 출신으로 경건과 성품이 탁월한 데다 외모 또한 자연미와 경건미가 돋보이는 매우 아름다운 처녀였다. 사무엘은 런던의 올더스게이트에 있는 보톨프교회에서 부목사로 첫 목회를 시작하였으나 곧 해군군목으로 나갔다. 그는 바다에 대한 두려움, 그리고 갓 결혼한 아내와 첫 아이 사미(사무엘의 애칭)에 대한 그리움 때문에 1년 만에 군목생활을 정리하고 다시 런던 근처에서 부목사로 일하였다.

사무엘은 다시 1년 만에 런던의 부목사직을 그만두고 잉글랜드의 북쪽 링컨 주의 사우스옴스비(South Ormsby) 교구교회에 담임사제로 부임하였다. 이는 그의 나이 28세의 일이며 이때부터 그가 72세로 소천하기까지 44년 동안 북잉글랜드 링컨 주의 외진 동네 시골 목회자로서의 삶을 시작하였다. 사우스옴스비는 260명의 인구를 가진 작은 농촌 교구였다. 그는 이곳에서 5년간 목회하면서 다섯 아이를 낳아 총 여섯 아이를 두었는데 그 중에 세 아이가 죽었다. 평화로운 이곳에서 그는 작은 교구를 돌보면서 여유 있는 시간을 이용하여 저술에 힘썼고, 1694년에 케임브리지대학에서 문학석사 학위(A.M)를 받았다. 같은 해에 그는 아일랜드에 감독(bishop)으로 추천되기도 하였으나 당시 32세로 너무 젊고 경험이 부족하다는 이유로 거절되었고 사무엘 자신도 적극적으로 원하지 않았다. 그는 충분히 더 크고 넓은 교구 목회자가 될 만한 실력을 갖춘 인물이었으나 정치적인 수단이나 그밖의 어떤 방법으로도 도시 교회나 더 좋은 교구로 자리를 옮겨 보려는 노력을 해 본 적이 없었다. 만약에 그가 이 주교직을 받았다면 그는 메도디즘 창시자의 아버지가 되지 못하였을지도 모른다.

4. 거친 엡웟사람들을 사랑으로 녹이다

사무엘 목사는 사우스옴스비에서 5년간의 목회를 마치고 1697년 엡웟 교구로 이동하여 그곳에서 1735년 소천할 때까지 39년간 한 교구의 담임 사제로서 일편단심 성직의 길을 걸었다. 엡웟은 북잉글랜드 링컨 주의 외진 농촌 마을로서 강으로 둘러싸인 악솜(Isle of Axholme)의 행정 소재지였다. 당시의 악솜은 면 단위이고, 엡웟은 면 소재지 정도에 인구가 약 1,500명이며 시골장이 서는 작은 마을이었다. 엡웟 지역은 거의 산이 보이지 않는 평지로서 주로 밀과 감자와 옥수수를 재배하고 양을 키우는 전형적인 북영국의 전원 마을이다. 엡웟은 아름답고 평화로웠지만 너무나 외진 곳이고, 비가 많이 오면 둘러싼 강이 범람하여 온 마을이 물에 잠기곤 했다. 그렇지만 사무엘은 이곳에 온 이후 한 번도 도시로 나가려는 생각을 한 것 같지 않다. 엡웟 교구 예배당은 중세기에 지어진 아주 오래된 건물인데 처음의 모습 그대로 현재도 교구교회당으로 사용되고 있다. 사

엡웟의 위치

무엘은 1726년부터 엡웟에서 5마일 떨어진 루트(Wroote)교구를 겸임하게 되었다. 루트는 악솜(Axholme)에 있는 인구 285명의 아주 작은 농촌 교구인데 사무엘은 가끔 그곳에 가서 조용한 시간을 가지면서 집필에 전념하였다.

엡웟 사람들은 본래 독립심과 자존심이 강하며, 오래 전부터 정치적으로 국가에 의하여 소외되고 무시당하고 있다고 생각하여 분노에 차고 거친 성격을 지닌 사람들이었다. 그들은 난폭하고 야만적인 행동을 통하여 자신들의 불만을 표현하곤 했다. 상당수의 엡웟 사람들은 사무엘이 충성스런 토리당(Tories; 왕을 지지하는 보수당)에 속한 국교도이며 왕의 호의로 교구 사제의 성직록을 얻었다는 것 때문에 사무엘 가족에 대하여 적의를 품고 불친절하게 대했으며, 1705년 주 선거 때에는 노골적으로 사무엘 가족을 위협하였다. 일부 엡웟 사람들은 폭동에 동참하여 총을 쏘아대고 욕설을 퍼부었으며, 사무엘의 농장을 파괴하고 소와 양들을 찔러 죽이거나 다리를 부러뜨리기도 했다. 그들은 목사관의 개가 짖어댔다고 해서 개의 다리를 부러뜨리고 목사관의 문들을 부수기도 하였다. 세 번의 목사관 화재도 적개심을 품은 엡웟 사람들의 소행이라고 생각하는 사람들이 상당수 있다.

사무엘 가족은 이처럼 엡웟에서 정치적이고 종교적인 문제로 많은 고통을 당했다. 그러나 사무엘 목사는 교구에 부임하자마자 가가호호 방문하여 기도해 주고 신앙을 지도하였으며, 교구 내에 경건회(Religious Society)를 조직하여 교구민의 기독교 지식 증진과 도덕생활 개혁에 힘쓰고 사회봉사와 선교를 확대하였다. 수산나 사모는 교구의 부인들과 친밀한 관계를 맺으며 신앙지도와 경건생활의 증진에 헌신하였고, 특별히 가난하고 소외된 사람들을 방문하여 돌보는 사역을 잘 감당하였다. 엡웟 교구에는 일부 폭도와 거친 사람들이 있었지만 날이 갈수록 신앙심 좋고 경건한 생활을 하는 신자들로 변화했으며, 사무엘 목사를 존경하고 목사 가족을 친절하게 대하며 평생토록 믿음의 한 가족이 되어 함께 교구를 섬겼다.

엡웟교구교회. AD 1000년경에 세워진 중세기 초의 전형적인 영국 교구교회 예배당이다.
이곳에서 사무엘은 교구 목사로 38년간 목회하였다.

5. 나는 아직도 부자입니다 – 1709년 목사관 화재 사건

웨슬리 가족이 거주하던 동안에 엡웟 목사관에는 세 번의 화재가 발생하였다. 이미 1702년 화재로 목사관은 3분의 2가 파괴되었는데 1704년 화재로 모두 타버렸다. 목사관은 재건축되었으나 1709년에 세 번째 화재가 발생했다. 이것은 메도디스트 역사 중에 가장 의미 있게 기억하는 사건이 되었다. 그 화재는 1709년 2월 9일 수요일 밤 11시에서 12시 사이에 일어났다. 모든 식구들이 깊이 잠든 사이에 집은 온통 불길에 휩싸였고 불붙은 천장이 여덟째 아이 헤티의 침대에 떨어졌다. 헤티는 놀라서 "불이야" 하고 소리쳤으며, 사무엘도 동시에 거리에서 "불이야" 하고 외치는 소리를 들었다. 사무엘은 온 식구들을 깨우며 속히 불을 피해 나가라고 소리쳤다. 그는 공포에 질려서 당황하는 아이들을 데리고 불길을 뚫고 정원으로 나가는 문을 간신히 열어 빠져나왔다. 이때 집안에는 약간의 금과 은, 그리고 20파운드의 돈이 있었는데 수산나가 그것들을 건지려고 머뭇거리자 사무엘은 '속히 나가라'고 소리치면서 그녀를 밖으로 밀어냈다. 그러나 사무엘 역시 그 순간 자기의 책들이 생각났고 책들을 건지려는 욕심에서 책장의 열쇠를 찾았지만 찾을 수가 없었다. 만약 수산나가 금과 은, 그리고 돈을 구하려고, 또 사무엘이 책을 건지려고 조금만 더 지체했다면 두 사람은 목숨을 잃었을 것이라고 사무엘은 추억하였다.

수산나는 뒷문으로 나가려고 세 번 시도했으나 불길이 너무 강해서 실패하다가 네 번째 간신히 불길을 뚫고 나왔는데 얼굴과 다리에 작은 화상을 입고 말았다. 사무엘은 아이들을 정원으로 끌어냈다. 이때 한 아이가 이층 방에서

엡윗 목사관 화재에서 존이 구출되는 광경

"도와주세요"라고 소리치며 공포에 질린 소리로 울고 있었다. 그는 여섯 살 난 자키(존의 애칭)였다. 사무엘은 여러 번 불길을 뚫고 이층으로 올라가려고 시도했으나 이미 불길이 온 집안을 완전히 점령하였고, 층계로 가는 통로도 불길에 휩싸였다. 사무엘은 다시 한번 층계로 올라가려고 했으나 불길에 막혀 뒤로 넘어져 버렸다. 사무엘은 할 수 있는 일은 다했다고 생각하고 포기할 수밖에 없었다. 결국 그는 아이의 비명 소리를 들으면서 이제 자키를 잃어버렸다고 생각하고 살아남은 다른 가족에게로 갔다. 가족과 교구 사람들은 정원과 길가에 모여 안타깝게 지켜보고 있었다. 집은 온통 불길에 싸여버렸는데 아이의 비명 소리는 계속 들려왔다.

사무엘은 무릎을 꿇고 다같이 하나님께 아이의 영혼을 받아주시기를 부탁하는 기도를 드렸다. 아이가 있던 방은 침대와 벽과 천장이 모두 불붙어 타고 있었으나 창문에는 아직 불이 옮겨 붙지 않았다. 아이는 옷상자를 딛고 창문으로 기어올라가 마당에 있는 사람들에게 도와달라고 소리쳤다. 몇 사람이 창문으로 올라가 아이를 구하려고 하였으나 번번이 실패하였다. 그러다가 용감한 청년 하나가 벽에 바짝 붙어 서고 가벼운 사람이 그 어깨 위에 올라가 아이를 창문 밖으로 꺼냈다. 아이는 살아났다. 그리고 아이가 빠져 나오자마자 지붕 전체가 한꺼번에 무너져 내렸다. 아이는 정말 기적적으로 구출된 것이다. 수산나는 자키를 껴안고 눈물을 흘리면서 몇 번이고 키스를 하였다. 이때 장남 사무엘은 옥스퍼드 대학에 유학 중이었고 집에는 모두 여덟 아이가 있었다.

자키가 구출된 후 수산나는 사무엘에게 "당신의 책을 얼마나 구하셨나요?"라고 물었다. 사무엘은 "다 잃어버렸고 모든 소유물이 불에 타버렸지만 당신과 우리 가족이 모두 살았고 한 생명도 잃어버리지 않았으니 오직 감사할 따름

이오"라고 대답하였다. 그는 계속하여 모여든 교구민들을 향하여 이렇게 말하였다. "자, 우리 무릎을 꿇읍시다. 우리 모두를 지켜주신 하나님께 감사합시다. 하나님은 내게 사랑스런 아내와 귀여운 아이들을 아홉이나 주셨습니다. 집은 가버리라고 합시다. 나는 아직도 부자입니다."(Let the house go, I am rich enough!)[1] 이 얼마나 감동적인 신앙의 고백이고 아름다운 간증인가?

이때 수산나는 이미 열여덟 아이를 낳았고 열아홉째 막내를 임신중이었다. 몸이 심히 약한 상태여서 사무엘은 아내가 혹시 유산을 하거나 건강에 심각한 문제가 생길까봐 걱정했으나 그녀는 곧 막내를 순산했다. 수산나는 두 다리에 화상을 약간 입었고 아이들 몇 명도 몸에 화상을 입었으나 곧 나았다. 사무엘 또한 한쪽 손을 데었으나 곧 치료되었다.

가장 큰 손실은 사무엘 목사가 오랫동안 씨온 시집 '그리스도의 생애'의 원고와 사본이 완전히 불타버린 것이었다. 훗날 그는 그 시집을 다시 써서 출판하고 이 책을 다시 써서 출판할 수 있는 건강과 지혜를 주신 하나님께 감사 찬양한다고 말하였다.

화재사건 이후 이웃에서는 양식과 옷을 가져와 목사 가족을 도와주었다. 사무엘 부부는 엡윗에 남아 있었고, 사무엘의 형 의사 마튜가 조카딸 셋을 데리고 갔다. 나머지는 친척집과 이웃집에 흩어져 신세를 지며 살아야만 했다. 약 1년이 걸려서 목사관을 다시 지었다. 집은 새로 지었지만 사무엘 가족은 침대와 가구도 갖추지 못하고 옷도 제대로 입지 못한 채 살았다. 교구의 재정은 목사관 재건축으로 인해 빚을 졌고, 사무엘 가족은 궁핍한 생활을 참고 살 수밖에

---

1) Luke Tyerman, *Life and Times of the Rev. Samuel Wesley*, p.136.

없었다. 수산나는 그 화재로 당한 가족의 고통이 13년간이나 지속되었다고 말했다.

훗날 존 웨슬리는 그날의 화재가 사무엘에 대하여 정치적으로 나쁜 감정을 가진 사람들의 의도적인 소행이라고 추측하였고 역사가들 또한 그렇게 말하였으나 아무도 알 수 없는 일이었다. 이 화재 사건은 메도디즘의 창시자가 된 여섯 살짜리 존 웨슬리가 불길 속에서 살아난 일로 인해서 메도디스트 역사에 항상 의미심장한 것으로 기억되고 있다. 수산나는 열다섯 째 아이 자키(존)가 불 속에서 기적적으로 구출된 것은 이 아이에 대한 하나님의 특별한 섭리가 있기 때문이라고 믿었으며, 존에게 1709년의 화재 이야기와 이러한 자신의 생각을 가끔 말해 주었다.

웨슬리는 1737년에 자신을 "불 속에서 꺼낸 타다 남은 막대기"(a brand plucked out of the burning)라고 말하면서 어머니의 말씀대로 자신의 기적적인 구출이 하나님의 특별한 섭리였다는 믿음을 고백하였다. 수산나와 존 웨슬리는 그 화재 사건과 기적적인 구출이 존에 대한 하나님의 크고 거룩한 뜻이라고 믿었으며, 존은 이러한 섭리를 깨달으면서 동시에 자신의 소명감을 깊이 느끼게 되었다.

6. 가난하지만 나의 어머니를 도와야 합니다 – 효자 사무엘

잘 알려진 대로 사무엘 가정의 재정 형편은 늘 나빴으며 가족은 빚에 독촉 당하고 쪼들린 생활을 해야만 했다. 사실상 사무엘이 교구에서 받는 사례비와 책 출판을 통해서 얻는 수입은 엡웟의 다른 사람들에 비해서 상당히 많았음에도 불구하고 그러했다. 그것은 꼭 필요한 지출도 많았지만 돈을 계획적이고 합리적으로 사용하지 못하고 빚을 제때 갚지 않고 질질 끄는 습관 때문이었다. 사무엘 가정에는 거의 해마다 아이 하나씩 태어났고 늘어나는 식구를 부양하고 늘 허약한 수산나의 몸을 돌보기 위해서 많은 돈이 필요했다. 그리고 사무엘은 가족보다 책을 더 사랑하는 것처럼 보였다. 독서광인 그는 책을 갖고 싶은 대로 사들였으며, 날마다 독서와 연구에 몰두하고 가족의 생활이나 세상일에 거의 무관심한 사람이었다. 사무엘의 무절제한 책 사들이기도 빚이 불어나는 요인이 되었다. 그런데다 1701년부터 그는 영국국교회의 전국회의에 링컨 대교구의 목사 대표로 임명되어 세 차례에 걸쳐서 12개월 동안이나 런던에 머무느라 여행 경비로 많은 돈을 지출하였다.

그는 엡웟에 온 지 몇 년 후부터 빚을 지기 시작했는데 갈수록 원금만이 아니라 불어나는 이자를 감당할 수 없어 극심한 고통을 당하였다. 사무엘은 빚을 갚고 가족을 부양하기 위해 땅을 빌려서 농사를 지어보았지만 뜻대로 되지 않아 결국 빚만 더 지고 말았다(당시에 영국 성직자들이 농사를 짓는 것은 흔히 있는 일이었다). 사무엘은 이렇게 가정 살림이 곤고한데도 책을 읽고 글 쓰는 일에만 흠뻑 빠져 있어서 가난의 고통은 실제로 수산나의 몫이었으며 그 고통은 열 명도 넘는 자녀들에게 영향을 미치었다. 사무엘은 빚쟁이들에게 시달리다 빚을 갚을 길이 없어 결국 감옥에 갇히는 신세가 되고 말았다. 수산나는 남편이 감옥에 있는 동안 아이들과 함께 물질적 가난에 정신적 고통까지 겹쳐 견딜 수가 없었다. 이때 긴급한 도움을 요청하는 사무엘의 편지를 받은 요크(York)의 샤프 대주교(Archbishop Sharp)가 엡웟을 방문하여 수산나를 만나게 되었다. 수산나는 샤프 대주교와 면담 중에 "빵을 얻기 위해 그리고 빵을 먹은 후에는 그 빵값을 갚기 위해 매우 고통스럽습니다"라고 말하였다.

사무엘이 가정 경제를 파탄시킬 만큼 무능한 가장이었다는 비판에도 불구하고 그에게는 우리가 꼭 본받을 만한 다음과 같은 미덕이 있었다. 사무엘은 아무리 어려워도 수입 중에서 십일조를 정확하게 바쳤다. 그리고 세금을 정확하게 지불하였다. 성직자로서 세금을 납부하지 않는 방법도 있었지만 그는 그렇게 하지 않았으며 국민의 의무를 다하였다. 엡윗 교구의 목사관에서 일하는 하녀에게 줄 급료도 밀리지 않고 정확하게 지불하였다. 또한 그는 런던에 홀로 살면서 빚 때문에 감옥에 갈 수밖에 없게 된 어머니의 빚 90파운드를 다 갚아드렸다. 90파운드는 그 당시 꽤 큰돈이었다. 더 나아가서 사무엘은 가련한 어머니에게 매년 10파운드의 돈을 생활비로 드렸으며, "이것이 나의 가련한 어머니를 굶주림에서 구하고 있다"고 말했다.

사무엘의 형 마튜는 런던에서 가장 부유한 의사였음에도 불구하고 어머니를 돌보지 않았다. 반면에 사무엘은 극심한 재정적 어려움 속에서도 아들로서 어머니를 공경하며 자신의 의무를 다하는 효자였다. 그는 노트함프톤의 백작에게서 20파운드의 돈을 받자 서슴지 않고 절반을 떼어서 "이제 사셔야 한 해밖에 더 못사실 것 같은 어머니"에게 보내드렸다. 뿐만 아니라 그는 자신의 자녀들조차 충분히 먹이지 못하는 가난 속에서도 매년 자신의 수입에서 5파운드의 돈을 떼고 여기에다 다른 사람들에게서 구제금을 모아 정기적으로 가난한 사람들을 도와주었다.

7. 여기는 파라다이스! – 감옥에서 목회하는 죄수 사무엘

사무엘은 1705년 9월 중순부터 그 해 말까지 링컨 감옥에 갇힌 채 죄수의 신분으로 지내게 되었다. 그가 감옥에 가게 된 동기는 이렇다. 같은 해 봄 국회의원 선거에서 사무엘이 반대한 비국교도 후보가 당선되었으며, 그들은 곧 왕당파(Tories)에 속한 국교회 성직자인 사무엘을 종교적이고 정치적인 이유로 괴롭히기 시작하였다. 당시 사무엘은 여러 사람에게 약 500파운드나 되는 거액의 빚을 지고 있었는데, 그중 한 사람이 빌려준 돈 30파운드를 약속한 기한까지 갚을 것을 요구하였다. 사무엘은 집안의 가구와 농장의 가축을 팔아 갚을 테니 몇 시간만 참아달라고 간곡히 호소하였으나 그는 국회의원과 짜고 계획적으로 사무엘을 감옥에 넣고 말았다. 사무엘은 채무불이행자로 감옥에 갇혔다.

사무엘은 갇힌 지 이틀 만에 친구인 요크의 대주교에게 보낸 편지에서 그동안 종교적·정치적인 적과 빚쟁이들에게 너무나 시달리다 감옥에 오니 오히려 "여기서 쉬고 있다. 내가 오랫동안 바라던 집에 와 있노라!"고 말했다. 이

사무엘이 갇혔던 링컨 감옥

편지에서 그는 자신에 대한 걱정은 없으나 다만 공격적인 적들에게 둘러싸인 채 남아 있는 가족과 교인들의 안전 때문에 상심하고 있다고 적고 있다. 그리고 사무엘은 감옥 소장의 허락을 받아 매일 아침과 저녁에 죄수들을 위한 기도회를 인도하고 매주일 예배에서 설교하는 감옥의 목사가 되었다. 그는 샤프 대주교에게 "나는 엡윗 교구에서보다 이 새로운 교구에서 더 많은 선(더욱 훌륭한 목회)을 행하고 있다"고 유머 섞인 편지를 보냈다. 또한 사무엘은 대부분의 동료 죄수들이 글을 읽을 줄 모른다는 사실을 알고 그들에게 영어와 기독교 교양을 가르치는 일을 시작하였다.

그는 런던에 있는 '기독교 지식 증진회'(The Society for propagating Christian Knowledge)에 편지하여 가련한 감옥 친구들(죄수들)에게 줄 신앙 서적을 보내달라고 간곡히 부탁하였다. 사무엘은 옥스퍼드 학생 시절에도 감옥을 방문하여 죄수들에게 전도하고 돌보는 일을 한 경험이 있었다. 사무엘은 감옥에서 낙심하거나 적들을 원망하지 않았으며 오히려 경건한 성직자로서 목회자의 충성된 길을 걸었다. 이렇게 해서 시작된 교도소 선교는 얼마 후에 아들 존 웨슬리에게 이어졌으며 존 웨슬리 때부터 지금까지 메도디스트들의 중요한 전통이 되었다.

이후 사무엘은 대주교에게 쓴 편지에서 "감옥은 이전에 내가 살던 엡윗

샤프 대주교에게 보낸 편지

에 비하면 파라다이스입니다. 나는 온 세상이 나를 반대해도 쓰러지지 않을 것입니다. 왜냐하면 정의로우신 재판장이 내 곁에 계시기 때문입니다"라고 말했다. 사무엘은 감옥에 끌려가기 전에 그의 신변을 염려하는 몇몇 친구들로부터 엡윗을 떠나라는 충고를 많이 들었다. 그러나 그는 샤프 대주교에게 절대로 떠나지 않을 것이라고 하면서 다음의 이유를 들고 있다. "첫째, 아직도 엡윗에서 해야 할 선한 일들이 남아 있으며 둘째, 그들은 단지 나에게 상처를 입혔을 뿐 아직 나를 죽이지는 못하였다. 불의하고 악한 세력에 굴종하여 하나님의 일을 포기하는 것은 하나님의 종의 길이 아니다."

당시 영국 감옥에서는 자기가 먹을 양식을 직접 구해야 했기 때문에 수산나는 사무엘이 굶지나 않을까 걱정되었다. 그래서 소중한 결혼 반지를 사무엘에게 보냈다. 그러나 사무엘은 반지를 받자마자 급히 수산나에게 되돌려 보냈다. 아무리 어려워도 사랑하는 아내의 반지마저 팔아서는 절대로 안 된다고 생각을 하였기 때문이다. 사무엘이 감옥에 들어가자 곧 링컨 주 대교구의 성직자들이 모금을 하는 등 최선을 다해 사무엘을 도왔다. 동시에 사무엘은 친구인 요크의 샤프 대주교와 모교인 옥스퍼드 대학교에 편지를 보내 도움을 호소하였다. 대주교는 사무엘의 편지를 받고서 곧 엡윗을 방문하여 수산나를 직접 면담하였다. 그 결과 대주교와 모교, 그리고 여러 사람들의 도움으로 채무를 다 갚고 약 3개월 만에 석방되었다. 사무엘은 이와 같은 시련과 고난을 당하면서도 영국의 북쪽 외진 시골 교구의 담임목사로 44년을 달린 경건과 용기의 투사였다. 이처럼 결코 포기하지 않는 아브라함 같은 믿음의 아버지에게서 메도디즘의 창시자가 나왔다. 그는 무섭게 공격해오는 온갖 세상의 환란을 믿음으로 이겨내고 하나님의 영광을 본 하나님의 사람이었다.

8. 부유한 외과 의사와 가난한 목사

1) 자녀가 많은 것은 수치인가, 복인가?

마튜 웨슬리(1661~1737)는 메도디즘 창시자 존 웨슬리의 백부(伯父)다. 그는 존 웨슬리의 자녀 중에 셋째로 출생하여 부친이 화이트처치 교구에서 축출되어 온 가족이 방랑생활을 하던 시련의 때에 어린 시절을 보냈다. 그의 젊은 시절과 교육에 관해서는 알려진 것이 없으나 동생 사무엘처럼 도세트 주의 비국교도 학교와 런던의 비국교도 학교에서 공부했을 것으로 추측된다. 그는 조부가 죽던 17세 되는 해에 의학 공부를 시작하였으며, 의사였던 조부의 권유를 따라 의사가 된 것이라고 존 웨슬리의 후계자 아담 클라크는 추측하였다. 수산나 웨슬리는 그녀의 편지에서 마튜가 독일이나 유럽의 다른 나라에서 의학을 공부했다는 암시를 남겼다. 그의 생애에 대한 자세한 기록은 없지만 웨슬리 가족들은 마튜가 런던에서 일생 동안 유명하고 존경받는 의사로 살았으며, 의료 사업을 통해 재물을 많이 모은 부자였다고 기록하였다.

마튜와 사무엘은 형제지만 서로 다른 인생을 살았다. 마튜는 선조들을 따라서 비국교도로 살았으나 사무엘은 일찍이 청년 시절에 국교도가 되어 두 형제는 종교적인 입장과 정치적인 입장에서 서로 다른 길을 걸었다. 또 마튜는 세속적인 부와 명예와 성공을 추구하여 얻었으나 사무엘은 성직자가 되어 세속을 멀리 두고 살았다. 마튜는 부유한 의사인 반면에 사무엘은 소외된 북쪽지방의 시골 목사로서 빈궁한 생활을 하고 있었다. 이렇게 두 형제는 서로 다른 길을 가면서 상반된 가치관을 추구하였기 때문에 친밀하게 지내지 못하였던 것

같다고 아담 클라크는 생각하였다.

　마튜의 인물과 생애는 잘 알려지지 않았으나 동생 가족과의 관계를 통해서 일면을 엿볼 수 있다. 1731년 70세 되는 해에 마튜는 동생 사무엘의 가족을 만나려고 하인을 데리고 마차를 타고 동생이 목회하고 있는 엡윗 마을을 방문하였다. 그는 동생의 대가족이 살아가는 모습을 보고 깊은 충격을 받았다. 어릴 때 외에는 고생을 전혀 모르고 살아왔으며, 자녀라고는 아들 하나밖에 없고 부자요, 런던의 명망 높은 의사인 마튜는 자녀를 열아홉이나 낳아 구차하고 빈궁하게 사는 동생을 도저히 이해할 수 없었다. 그는 몹시 실망하여 런던으로 돌아가서 즉시 동생을 비난하고 모욕하는 장문의 편지를 써 보냈다. 그 편지는 '너는 너무 많은 자녀를 낳아서 가족에게 의식주도 제대로 공급하지 못하는 무능하고 무책임한 가장이다. 그래서 가족에게 고통만 주고 있다. 그럴바엔 왜 결혼을 했느냐? 왜 그렇게 많은 자녀를 낳았느냐?' 는 비난이었다. 그는 또 시인 베버리지와 틸로슨의 시를 인용하면서 사무엘이 세상의 현실을 무시하고 가족까지 버리는 잘못된 신앙에 빠졌으며, 종교적·시적 낭만주의와 종교적 감상주의에 탐닉했다고 무차별적이고 모욕적인 언사로 공격하였다. 세속적인 부자요 합리주의와 현실주의로 무장된 마튜로서는 오직 하나님의 섭리와 뜻을 따르고 성직에만 전념하는 사무엘의 고상한 경건주의 인생을 이해하지 못했던 것이다.

　이 편지를 받은 사무엘은 말로 표현 못할 깊은 상처를 받고 당혹감과 모욕감에 휩싸였다. 그러나 성급한 답장을 미루고 분노를 가라앉힌 후에 차분하게 자신의 인생과 신앙을 설명하는 변증적인 편지를 써 보냈다. 사무엘은 많은 자녀는 하나님의 뜻과 선물이며 축복이므로 자녀를 많이 낳은 것 때문에 부끄러

워할 이유가 전혀 없다고 하면서 오히려 자녀가 많은 것은 하나님의 영광을 위해서 유리하고 자녀가 하나밖에 없는 것은 하나님의 영광을 나타내는 데 불리하다고 주장하였다. 사무엘은 계속해서 자신의 가족은 하나님의 돌보심으로 평화롭고 행복한 생활을 하고 있고, 자녀들은 어려서부터 행복한 인생을 사는 원리와 방법을 분명하게 배워서 어떠한 어려움에도 기쁨을 빼앗기는 일이 없으며, 가족 간에 그리고 다른 사람들에게 제사장의 역할을 하면서 서로를 돕기 때문에 가난하다고 해서 결코 사랑이나 행복을 잃은 적이 없다고 주장하였다. 특별히 사무엘은 자신의 자녀들이 모두 다 총명하여서 보통 아이들보다 훨씬 빨리 읽기와 쓰기를 배웠으며 표현력이 뛰어나고, 그중 세 아들이나 옥스퍼드 대학 교육을 받은 것이 몹시 자랑스럽다고 썼다.

사무엘의 말이 진리였나 보다. 마튜의 외아들은 하나님의 영광을 보지 못한 인생을 살았으나 사무엘의 자녀 중에 첫째 사무엘과 열다섯째 존, 그리고 열여덟째 찰스는 런던 명문 사립학교의 장학생이었으며 옥스퍼드 대학을 우수한 성적으로 졸업하여 하나님의 위대한 사람들이 되어 지금까지 하나님의 영광을 온 세상에 비추고 있다.

2) 부유한 외과의사와 그 외아들의 인생

마튜는 경제와 이재(理財)에 뛰어난 반면에 사무엘은 가정 경제를 파탄에 이르게 할 만큼 그런 면에 무관심하고 무능하여 두 형제는 아주 상반된 인물이었다. 마튜가 사무엘을 비난한 내용으로 미루어 보면, 마튜는 하나님의 섭리나 뜻에는 전혀 무관심하고 인간의 상식으로만 인생을 판단하려고 하는 사람으로 보인다. 오로지 하나님에 대한 신앙으로만 산 사무엘과 반대로 세상적인 기준에 따라서 살았던 마튜의 인생의 결과가 어떠했는지, 둘 중에 누구의 생각이 맞는지는 아주 분명하다. 마튜는 부유하고 명망 높은 의사요, 런던에서 귀족과 상류층의 존경받는 인물이요, 당대 영국 최고의 신사였지만 결코 행복하지만은 않았다. 그는 딸도 없이 오로지 아들 하나 두었는데, 그 아들은 옥스퍼드 대학에서 의학을 공부하고 의사가 되었으나 웨슬리 가문에서 유일한 탕자요 술주정뱅이가 되었다. 1708년 런던에서 발행된 악명 높은 파산자 명부에 그의 아들 마튜 웨슬리(그의 이름은 부친의 이름과 같았다)의 이름이 나올 정도였다. 찰스 웨슬리는 그가 웨슬리 가문의 명예를 더럽혔다고 통탄하기도 하였다. 아들 마튜 웨슬리는 파산 후에 인디아로 갔으나 부모와 교신을 끊었기 때문에 부모도 죽을 때까지 그의 생사를 알지 못하였다. 그는 부친이 평생 모은 재산을 거의 다 탕진하면서 방탕한 생활을 하다가 비극적으로 객사하였다고 아담 클라크는 전하고 있다.

세속적인 기준을 따랐던 마튜와 달리 사무엘은 오직 하나님에 대한 신앙과 충성으로 살면서 성직에 헌신하고 자녀들까지 하나님의 사업에 바쳤다. 그 결과 사무엘의 세 아들은 옥스퍼드 대학과 영국과 세계의 역사, 특별히 하나님의 교회의 거룩한 역사에 오래오래 그 거룩한 명예를 빛내고 있다. 그리고 세 아들의 이름이 있는 곳에는 언제나 부모의 이름도 함께 빛나고 있다. 영국 북쪽의 소외된 작은 마을 엡웟 교구교회의 가난한 시골 목사 사무엘 웨슬리와 궁핍 속에서도 그리스도의 모범을 따라서 자녀교육에 헌신했던 수산나 웨슬리의 이름은 세 아들의 이름과 함께 영원히 하나님의 영광을 빛내고 있다. 하나님은 사무엘과 수산나의 신앙과 충성에 대하여 큰 상급과 복으로 갚아주셨다.

의사로서 마튜의 인간됨은 조카딸 헤티(메히타벨)의 기록을 통해서 엿볼 수 있다. 헤티는 자기 큰아버지가 세상에서 가장 훌륭한 신사로서 친절하고 자애로운 사람이며, 그의 의술은 매우 뛰어나서 수천 명의 환자들을 고통과 죽음으로부터 구해주었다고 기록했다. 실제로 그는 탁월한 의술과 인격과 지도력 때문에 런던 사회에서 존경받는 인물 중에 하나였다. 그러나 결코 따뜻한 성품을 지닌 사람은 아니었다. 사무엘은 적은 수입에서도 일부를 떼어 런던에서 홀로 사는 어머니의 생활을 돕고 있었으나 마튜는 그 일에 대해 언급도 하지 않았다. 그가 홀로 계신 어머니에게 적은 금액의 도움을 주었다는 기록이 있기는 하다. 그러나 젊어서 남편을 잃고 런던에서 홀로 가난하고 외롭게 살다가 죽은 어머니에게 더 이상의 따뜻한 애정을 보였다는 증거는 어디에서도 찾아볼 수 없다. 마튜는 의술과 부의 축적에서는 성공했는지 모르지만 신앙과 인생에서는 실패하였다고 여겨진다.

웨슬리 가족이 마튜에 대하여 기록으로 남긴 가장 따뜻한 이야기는 그가 자신의 조카딸들에게 한 일이다. 1709년 엡웟 목사관 화재로 사무엘의 가족이 임시 거처를 찾아서 뿔뿔이 흩어질 때 마튜는 조카딸 수산나와 헤티와 마르타를 데리고 가서 오랫동안 함께 살았다. 그는 동생 사무엘에게는 차가운 사람이었지만 조카딸들을 친딸처럼 사랑하고 도와주었다. 마튜는 세 조카딸의 결혼 비용을 다 제공하였으며 돈도 많이 주고 좋은 옷들도 사주었다. 그는 헤티가 결혼할 때 큰 금액의 돈을 주어서 사업을 시작할 수 있게 도왔으며, 수산나와 마르타에게도 상당한 금액의 결혼 지참금을 주었다. 그리고 유언장에서 총 900 파운드의 돈을 조카들(사무엘의 딸들)에게 유산으로 남겨주었다. 자신이 죽은 후 재산 처분 집행은 여동생 엘리자베스에게 맡기고 유산도 그녀에게 제일 많이 주었다. 형 티모티의 자녀들과 동생 사무엘의 자녀들에게도 각각 상당한 재산을 분배하였다. 인도에 가서 생사를 알지 못하는 아들에게도 재산을 남겼는데 만일 아들이 죽었다면 여동생에게 주라고 명시하였다. 유언장을 보면 그는 교회나 자선단체나 선교사업을 위해서는 아무런 재산도 남기지 않았다. 그는 76세 되는 해에 조카딸 헤티의 품에서 평온하게 숨을 거두었다. 그는 매주일 성 바울 교회에 나가 예배를 드렸지만 집에서 가까운 교구교회에 묻히기를 원했다. 그의 사망 소식은 1737년 Gentlemen's Magazine에 그의 인물과 생애에 대하여 "경건하고 학문이 깊으며 자애로운 우리의 존경하는 의사"라고 평하는 글과 함께 실렸다.

9. 나의 저작을 왕에게 바치리라! – 부지런한 학자 사무엘

사무엘은 늘 부지런히 연구하는 학자였다. 그의 학문적인 열정은 실로 대단하였다. 그는 신학자이며 시인이었다. 사무엘 가정에는 시인이 넷이나 되었다. 사무엘과 아들 사무엘, 찰스 그리고 딸 헤티이다. 아버지를 닮아 자녀들도 시 문학적인 소질을 타고났다. 사무엘은 옥스퍼드 학생 시절부터 시와 산문을 써 왔다. 그는 1685년 대학 2학년 때에 'Maggots'라는 제목의 시문학 책을 출판하여 약간의 돈을 벌었다. 이 책은 총 172쪽에 달하는 시와 산문과 에세이로 구성되었다. 그는 대학 시절에 근로 장학생이었기 때문에 매일 성적 부진학생을 지도하는 데 많은 시간을 소비하면서도 이와 같은 책을 쓸 만큼 부지런하고 학구열이 높았다. 그러면서도 같은 해에 입학한 학생들 중에서 가장 먼저 문학사

학위를 얻었다. 그는 시사와 문학을 위한 주간지 *Athenian Gazettee*를 창간하여 수백 편의 글을 기고하였다. 이 잡지는 오랫동안 런던을 중심으로 많은 문학가들이 기고하는 인기 있는 잡지로 발전하였다.

사무엘은 자신의 대표작이라고 할 수 있는 책 「우리의 복되신 구주 예수 그리스도의 생애」(*The Life of our Blessed Lord and Saviour Jesus Christ*)를 1693년에 출판하였다. 총 349쪽에 달하는 방대한 시집인데 몇 년 후에 개정판으로 재판되었다. 그리스도의 생애를 복음서의 기사를 따라서 시로 엮은 것인데, 100년 후에 토마스 코크 박사가 축약하여 세 권의 작은 포켓용 판으로 출판할 만큼 메도디스트들과 일반 교인들에게 실제적인 가치가 있는 것이었다. 존 웨슬리는 "내 아버지의 「그리스도의 생애」에 실린 시들 중에는 대단히 훌륭한 시들이 많은데 이것을 다 출판하지 못하는 것……"을 아쉬워했다.

이어서 사무엘은 1700년에 두 편의 논문을 한 권의 책으로 출판하였다. 그것은 "바르게 준비된 경건한 성만찬"(*The Pious Communion Rightly Prepared*)과 "세례에 대한 강론"(*Discourse on Baptism*)이다. 후에 존 웨슬리는 이 두 개의 논문으로부터 자신의 성찬론과 세례론을 확립하는 데 많은 도움을 얻었다. 존 웨슬리의 성찬론이라고 할 수 있는 설교 "지속적인 성찬의 의무"(*The Duty of Constant Communion*)와 세례에 관한 논문 "세례에 관하여"(*On Baptism*)의 주요한 골격을 아버지의 논문으로부터 빌린 것이다. 사무엘이 메도디스트 성례전 교리의 형성에 중대한 영향을 미쳤다는 것은 우리가 기억할 만한 역사적 사실이다. 이듬해에 사무엘은 또 하나의 책 「구약과 신약의 역사」(*The History of the Old and the New Testament*)를 출판하였다. 이 책은 구·신약의 역사를 연대기적으로 알기 쉽게 엮어 놓은 것으로 각 장마다 구약 시대와 신약 시대에 관련된 자세한 지도를 넣어 성경 연구에 좋은 자료다.

사무엘의 일생의 역작은 「욥기 연구」(Dissertations in Librum Jobi)다. 그는 생애의 30년을 욥기 연구에 바쳤다. 이 책은 총 53장으로 되어 있으며, 히브리 본문뿐만 아니라 시리아, 아라비아, 그리고 어거스틴과 암브로스를 비롯한 여섯 가지의 라틴 본문을 비교하여 해석한 연구서다. 존 웨슬리의 후계자 아담 클라크는 이 책이 당시의 수준으로는 가장 깊고 방대한 욥기 연구서이며, 사무엘이 이 책을 저술하는 데 몰두한 30년간 그의 가족은 많은 고생을 한 희생자들이 되었다고 말했다. 존 웨슬리는 이 책이 라틴말로 쓰여졌기 때문에 일반인들이 볼 수 없는 것을 아쉬워 하면서도 "나의 아버지의 욥기 연구서는 대단히 많은 학식을 포함하고 있지만 내가 경탄할 만한 것은 아니다"라고 평하였다. 왜냐하면 이 책은 실로 엄청난 노력이 들어 있지만 실제성이 약하기 때문이다. 사무엘은 이 책을 완성하여 캐롤라인 여왕에게 헌사할 생각으로 온갖 노력을 다 했지만 끝 부분을 미완성으로 남긴 채 소천하고 말았다. 그러나 그는 여왕이 그의 작품을 기쁘게 받겠다는 소식을 듣고 죽었으며, 그가 죽은 지 2년 후 1736년에 아들 존 웨슬리가 출판하여 여왕에게 드렸다. 여왕은 사무엘의 대작을 받아 들고서 그의 노력과 여왕에 대한 충성심에 감동하였다.

사무엘의 학구적인 근면함과 열정은 누구에게도 뒤지지 않을 만큼 경탄할 만하다. 그러나 그의 아들이 말한 대로 사무엘의 작품은 실용성이 너무나 떨어지는 것이 큰 약점이었다. 만약에 그의 연구가 실제성에서도 뛰어났다면 그는 아마도 그 시대에 가장 훌륭하고 인기 있는 저술가가 되었을 것이다. 아들 존과 찰스 웨슬리가 학문성과 실제성을 모두 소유한 실천적인 학자들이 된 것은 아버지의 한계를 넘어선 것이다.

10. 아들아! 아들아! – 정통 신앙의 수호자 사무엘

1) 이신론(理神論; Deism) 반대

웨슬리 형제들의 부모는 아들들에게 경건생활만이 아니라 신학사상 형성에도 깊은 영향을 주었다. 아버지 사무엘은 아들들에게 고교회 정신(high church)과 함께 정통 신앙(orthodoxy)을 물려주었다. 어머니 수산나가 아들들의 경건생활에 깊은 영향을 끼쳤다면 아버지는 정통 신앙 내지는 정통 신학(orthodoxy)을 물려주었던 것이다.

사무엘은 당시에 유행하는 여러 가지 신학사상의 혼돈 속에서도 한 번도 흔들림 없이 정통 신앙을 지켰다. 그는 언제나 역사적인 신조들(creeds)을 중시했으며 아들들에게 교회사에 나타난 정통 신조를 정통 신앙으로 견지할 것을 강조하였다. 그는 당대의 이신론과 이에 관련된 모든 종류의 회의주의에 강하게 분개했다.

이신론이란 당시의 영국 신학계에 유행하던 합리주의가 극단적인 형태로 발전한 것으로서 이러한 영국 교회의 신학적인 경향은 결국 영국의 18세기를 '이성의 시대'라는 별명을 얻게 하였다. 이신론은 인간의 이성이 하나님의 존재와 역사(役事)를 믿고 이해하는 완전하고도 유일한 도구라고 주장하는 사상이다. 그러므로 이신론에서는 이성을 초월한 일체의 계시를 부인한다. 또 기독교 신앙에서 어떤 종류의 신비적인 요소도 인정하지 않는다. 따라서 이신론은 그리스도의 성육신, 기적, 신성, 속죄, 부활, 재림 그리고 심판 등 구원을 위한 중보자 역할이 모두 부인될 뿐 아니라, 이성이 받아들일 수 없는 모든 것을 거부하고 이성을 모든 판단과 결정의 유일한 기준으로 만들어 버리는 것이다.

사무엘은 정통의 경건생활뿐 아니라 정통의 교리에서도 느슨함을 결코 용인하지 않았다. 그는 이러한 이신론이 하나님의 존재와 섭리와 역사를 부인하고 이성을 신격화함으로써 사실상 무신론(無神論)과 다름없는 것이라는 단호한 입장을 가지고 다음과 같이 반박하였다.

"나는 이성적 체계의 완전성과 자연세계의 영원성을 주장하는 어리석은 이신론 사상을 경솔하게 옹호하고 선전하는 무신론자들을 반박한다. 이신론은 이 나라에서 정통 신앙을 파괴하고 민족의 도덕성을 부패시키고 결국에는 기독교 자체를 죽이려고 한다."

그는 이신론의 핵심은 "인간이 하나님을 이 세계에서 몰아내고 일체의 간섭을 허락지 않으려는 반신론(反神論)으로서 마치 건축예술에 대하여 무지한 사람이 건축예술가 옆에 서서 그를 맘대로 조종하려는 것과 똑같다"고 비판하였다. 계속해서 사무엘은 이신론을 다음과 같이 비판하였다.

"이신론이란 인간들이 하나님의 심판이나 지옥에 대한 일체의 생각조차 폐기시켜 버리고 세상을 방황하면서 그런대로 행복하게 살다가 허무 속으로 가라앉게 만드는 기독교의 이름으로 가장한 허무주의이다."[2]

---

2) *JJW.*, 8, p.34.

조셉 버틀러(J. Butler)와 같은 이신론자는 이성과 함께 양심에 더욱 권위를 두면서 이신론을 변호하기도 하였다. 그러나 사무엘은 인간 이성이나 양심이 전적으로 부패한 것이어서 근본적으로 불완전하고 결점 투성이라는 성경적 정통 신앙을 결코 양보하지 않았다. 이신론에 반대하는 아버지의 신학적 논쟁은 아들 존 웨슬리에게 이어졌다. 존 웨슬리는 이신론에 대한 아버지의 사상에 깊은 감동을 받았으며 그것을 그대로 배웠다.[3] 그리고 당대의 이신론자들을 반박하였다. 이신론과 함께 그리스도의 신성을 부인하는 아리안주의(Arianism)와 그리스도를 피조물로 보고 역시 성자의 신성을 부인함으로 삼위일체 신앙을 포기하는 소시니안주의(Socinianism)와 단일신론(Unitarianism) 등이 유행하여 정통 신앙을 위협하였으나 사무엘은 이러한 모든 이단적인 사상을 반박하면서 그의 교구에 오직 정통 신앙만을 세웠던 것이다. 사무엘은 정통 신앙의 수호자였으며 아들들에게 정통 신앙을 물려주었다.

2) 세례에 대한 신앙

이신론을 반대하는 사무엘 웨슬리의 정통 신앙은 먼저 그의 성례전 신학에서 두드러지게 나타난다. 그리스도의 성육신과 속죄의 은혜를 부인하는 이신

---

3) 존 웨슬리는 자신이 쓴 저작 중에 가장 분량이 많은 논문 "The Doctrine of Original Sin, according to the scripture, reason and experience"(총 278쪽)에서 이신론을 자연신론이며 새로운 종류의 무신론이요 정통 기독교 신앙을 파괴하려는 목적을 가진 적 그리스도적인 신학사상이라고 강력하게 비판한다. 그는 이 논문에서 당대 옥스퍼드 대학의 교수로서 신학계를 주도하고 있었던 자신의 스승 아리우스주의자 존 테일러 박사의 이신론 신학을 기독교가 아니라 인간의 이성과 양심을 우상화하는 이교도의 종교라고 비판하였다. 이 논문에 나타난 존 웨슬리의 논지와 방식이 아버지 사무엘 웨슬리와 많이 닮은 것으로 보아서 이신론 비판에서도 아들은 아버지의 영향을 깊이 받았다.

론자들에게는 세례와 성만찬이 무의미한 의식에 불과하였다. 그러나 그는 성례전(Sacraments)이 본질적으로 은혜의 방편(means of grace)이라는 점을 강조하였다. 세례를 통하여 신자는 그리스도의 몸인 교회의 지체가 되고 중생한다고 보면서 동시에 신자의 중생은 세례에서 완성된 것이 아니라 시작된다고 보았다. 그리고 세례를 통하여 타락의 때에 상실된 원칙적인 은혜가 입수되며, 이 은혜는 신자가 회개치 않고 계속하여 악을 행함으로 성령을 훼방하지 않는 한 전적으로 다시 상실하지 않을 것이라고 보았다. 이러한 아버지의 세례관은 아들 존 웨슬리에게 그대로 계승되었다. 아들은 아버지의 논문 "세례에 대한 강론"(Discourse on Baptism)에 나타난 아버지의 세례관에 전적으로 동의하면서 설명을 덧붙여 "세례에 대한 짧은 강론"(A Short Discourse on Baptism)이라는 제목의 논문을 출판해냈다. 아들은 세례가 중생의 사선이라고 믿으면서 동시에 사람이 물로 나면서 성령으로는 나지 못할 수도 있다고 보았다. 즉 외면적인 표식은 있으나 내면적인 은혜는 없을 수도 있다고 본 것이다. 존 웨슬리는 "전통적으로 교회는 유아세례를 받는 모든 사람이 세례와 동시에 거듭 난다고 생각해왔다"고 말함으로써 이 같은 세례론을 조심스럽게 유아세례에 적용하였다. 그러나 이러한 '중생의 세례'(baptismal regeneration)는 초기 메도디즘에서 처음부터 거절되었다. 아버지와 아들은 초대교회부터 견지되어 온 전통적인 유아세례의 신앙을 가르쳤다. 즉 그것은 유아세례가 원죄 씻음의 표식이요, 하나님의 가족 공동체의 지체가 됨이요, 동시에 중생의 표식이며 하나님의 영원한 축복에 들어감의 인증이라고 이해하는 정통 신앙이다.

3) 성만찬에 대한 신앙

사무엘 웨슬리는 성만찬에 대하여도 정통 신앙을 갖고 있었다. 당시 영국교회의 성만찬 신앙은 이신론의 영향으로 매우 약해져서 일 년에 3~4회 정도 특별한 절기에만 실행하는 교회가 많았다. 그러나 사무엘 웨슬리는 대단히 깊고 진지한 성만찬 신앙을 실천하는 고교회 성만찬 경건주의자(high sacramentarian)였다. 그는 「바르게 준비된 경건한 성만찬」(The Pious Communion Rightly Prepared)이라는 책을 출판하여 자신의 성만찬 신학을 발표하고 당대의 꺼져가는 성만찬 신앙을 부흥시키려고 노력하였다. 그는 영국의 교구교회들이 성만찬을 경시하고 특별한 절기 행사로만 실시하는 것을 비판하면서 매주일 성찬을 실시할 것을 촉구하였다. 1731년에 말에서 떨어져 심한 부상으로 병중에 있을 때에도 매주일 두 번씩 설교하고 성만찬을 집행하였다. 그는 어느 날 자신의 죽음이 임박하였음을 알고 가족에게 이렇게 말하였다.

"나는 내일 이 성만찬 상에서 너희들을 볼 것이며, 우리가 하나님 나라 주님의 상에서 먹기 전에 너희들과 함께 한번 더 복된 성찬을 받을 것이다. 내가 세상을 떠나기 전에 너희와 함께 이 유월절 식사를 하고 싶다."[4]

그 다음날 그는 극히 쇠약한 몸으로 고통 중에서 간신히 성찬을 받았다. 그러나 찰스는 성찬을 받은 직후에 성령의 확신과 평화로 가득 찬 아버지의 모습

---
[4] Adam Clarke, *Memoirs of the Wesley Family*, p.182.

을 보았다고 고백하였다. 그는 성령의 신비한 역사로서 성찬에서 나타나는 그리스도의 실제적 임재(real presence)를 믿었으며, 진실한 믿음의 수찬자는 성찬에서 구원에 대한 성령의 확증과 믿음의 강화를 경험하며, 성찬은 신자가 자신을 드리는 희생제사라고 믿었다. 이러한 성만찬 신앙은 아들들에게 깊은 영향을 끼쳤으며, 아들들이 다니엘 브레빈트의 「그리스도인의 성만찬과 희생제사」(The Christian Sacrament and Sacrifice)에 나타난 성례전 신학을 그대로 수용하도록 만들었다. 그 결과 아들들은 아버지를 따라서 고교회 성례전주의자가 되어 일평생 평균 4일에 1회 성만찬을 받았으며, 누구든지 매주일 규칙적으로 성만찬을 받지 않고는 진정한 그리스도인이 될 수 없다고 가르쳤다. 그리고 초기의 메도디스트들은 웨슬리의 가르침대로 열성적인 성만찬 신앙을 실천하면서 복음전도 운동(evangelical movement)과 동시에 성만찬 부흥운동(sacramental movement)을 일으켰던 것이다. 이렇듯 정통 신앙의 수호자 사무엘 웨슬리는 아들들에게 정통의 성만찬 신앙을 물려주었다.

4) 구원에 이르는 믿음(saving faith)

사무엘 웨슬리는 성경적 복음주의 신앙을 굳게 지키고 있었다. 그의 복음적인 설교는 그리스도의 구원의 사업(the saving work of Christ)에 집중되었다. 그가 남긴 위대한 찬송의 제목은 "인류의 구주를 바라보라"(Behold the Saviour of Mankind)이며, 이 찬송은 모든 사람의 구원을 위한 그리스도의 속죄의 희생 제사를 노래하는 것이다. 그는 창세 전 무조건적 선택과 영원한 유기(遺棄)를 주장한 예정론의 교리를 거부하였다. 그는 모든 죄의 용서와 그리스도 안에서 생명을 얻는 구원의 은혜를 믿고 받아들이는 조건 외에는 아무런 조건 없이 모든 사람들에게 구원을 선사한다는 성경적 복음주의 신앙을 강조하였다. 그는 "구원에 이르는 믿음(saving faith)이란 예수 그리스도를 인류의 구주로 믿는 확고한 신앙이며, 만일 내가 그를 의지하고 순종할 때에 나를 구원한다는 사실을 믿는 것이 확고한 신앙이다"라고 설명하였다. 사무엘 웨슬리 전기 작가로 유명한 루크 타이어만(L.Tyerman)은 "존 웨슬리의 추종자들이 그의 아버지 사무엘만큼 분명하고도 확고하게 믿음으로 얻는 칭의의 교리를 붙들지 못하고 있다"고 말하였다.

사무엘 웨슬리는 대단히 성경적이고 건전한 그리스도인의 성화와 완전에 대한 신앙을 가르쳤다. 그는 신자의 완전한 성화에 대하여 다음과 같이 말하였다.

"누구든지 하나님의 은혜로 구원을 받은 후에 계속해서 기도하고 죄를 멸시하고 거룩한 의무를 실행하며, 이와 같은 선행을 계속하면 더욱 성령의 도우심을 받을 것이며 마침내는 완전에로 나가게 될 것이다."

5) 내적 증거, 내적 증거 - 확증의 교리

아버지와 아들들의 경건과 신학의 대화는 엡웟과 옥스퍼드 사이를 오고 간 편지를 통해서 진지하고도 친밀하게 이루어졌으며, 함께 있을 때에나 떨어져 있을 때에나 언제나 아들들은 아버지에게 묻고 조언 구하기를 좋아하였고 아버지는 아들들에게 조언과 상담해 주기를 기뻐하였다.

확증(assurance)의 교리는 초기 메도디스트 주요 교리 중에 하나였다. 물론 청교도와 모라비안교도도 이 교리를 중시했지만 이 교리는 본래 성경적인 교리요 초대교회의 신앙이다. 사무엘 웨슬리는 확증의 교리를 청교도 전통으로부터 전해 받았을 것이다. 아버지는 임종이 가까워 오자 메도디스트 확증의 교리를 예시하는 말을 아들들의 마음속에 남겨 놓았다. 사무엘은 존에게 다음과 같은 유언을 남겼다.

"아들아! 내적인 증거(inward witness), 내적인 증거, 이것은 기독교의 가장 강력한 증명이다."

존은 이 말을 1748년 편지에서 인용하면서 신자의 마음속에 일어나는 성령의 증거를 확증의 교리로서 설명하고, 이 교리는 성경적이고 교회사에 지속으로 경험되어온 정통 교리라고 주장하였다. 아버지는 찰스에게 고개를 돌리며 그의 유언을 계속하였다.

"아들아! 굳세어라. 기독교 신앙은 이 나라에서 확실히 부흥할 것이다. 나는 보지 못할 것이지만 너는 그 부흥을 눈으로 볼 것이다."[5]

확증의 교리와 부흥운동에 대한 아버지의 유언은 곧이어 아들들이 일으킬 메도디스트 부흥운동에 대한 정확한 환상(vision)이요 예언이 되었다. 존은 영

---

5) Luke Tyerman, 같은 책, p.302.

국 인구의 약 80%에 해당하는 가난한 노동자 계층 사이에서 부흥운동을 일으킬 때 '성령의 증거를 통한 구원의 확신'의 교리를 강조하였다. 그는 메도디스트 운동을 위한 「메도디스트 표준설교」에 '성령의 증거'(The Witness of the Spirit)를 주제로 3개의 설교를 써 넣었다. '내적인 증거'는 '마음의 증거'와 같은 말이며, 이것은 신자의 마음속에 일어나는 '성령의 증거'이며, 후에 초기 메도디스트 네 가지 주요 교리(원죄, 칭의, 성령의 증거, 완전 성화) 중에 하나가 되었다. 이 교리는 메도디스트 신앙을 생동력 있는 것으로 만들면서 메도디스트 부흥운동을 가능케 한 가장 중요한 요소였다. 정통 신앙의 수호자 사무엘 웨슬리는 아들들에게 정통 신앙과 정통 교리를 물려주었다.

사무엘과 아들들 사이에 주고받은 편지 내용은 한없이 따뜻하고 다정하고 친밀한 부자간의 사랑을 보여준다. 그리고 이와 같은 편지와 대화는 그가 살아 있는 동안 계속되었으며 아들들의 인생 안내뿐만 아니라, 아들들이 일생동안 정통 신앙의 길을 걸어가도록 하는 데 중대한 영향을 끼쳤다.

11. 경건의 증진을 위하여 연합하라 – 소그룹 경건운동의 선구자

사무엘 웨슬리는 1698년에 당시 영국국교회 안에서 경건운동과 사회개혁운동으로 일어난 생활습관개혁협회(The Society for the Reformation of Manners)에 초대되어 설교하였다. 설교의 본문은 "누가 행악자들을 대항하여 일어나며, 누가 내 편에 서서 악행자들을 칠 것인가?"(시 94:16)라는 말씀이었다. 그는 이때 교구민들의 개인생활과 가정생활, 그리고 사회생활의 경건훈련과 개혁운동의 필요성을 깊이 깨닫고 실천에 들어갈 것을 결심하였다. 드디어 1701년에 경건회(The Religious Society)를 자기 교구 안에 설립하였다. 그는 주로 젊은 교인들을 모아 경건회를 조직하고 도덕생활의 개혁운동을 적극적으로 시작하였다.

두 협회는 당시 영국교회의 대표적인 경건운동으로 발전하고 있었는데 사무엘은 영국국교회와 충성된 관계를 지속하는 경건회를 선호하였다. 그는 이 운동의 주요 원칙으로서 영국국교회의 충성된 교인이어야 할 것과 진정한 경건생활 증진을 위하여 매주 1회(토요일 저녁) 함께 모여 경건의 강화(講話; pious discourse)와 기도에 집중할 것을 정하고, 이 모임의 회원수는 12명으로 한정하였다. 그리고 이를 통하여 교구민에게 경건의 독서를 장려하고, 국내와 해외에 있는 같은 종류의 협회와 교류할 것, 교구 안의 가난한 사람들과 병든 사람들을 돌보고, 경건하지 못한 사람들을 깨우치고 그들의 도덕생활을 개혁하는 사회개혁을 목적으로 하는 규칙을 정하였다. 이 경건회의 목적은 경건의 지식과 경건생활의 증진, 교육과 박애운동, 그리고 도덕개혁운동이었다.

존은 1742년 편지에서 위와 같은 경건회의 규칙을 따르는 아버지의 목회 방법을 대단히 모범적이며 성공적인 것으로 평가하였으며, 자신은 아버지의 규칙과 방법을 본받는다고 말하였다. 그는 아버지의 방법을 다음과 같이 회상하였다.

"내 아버지의 방법은 병든 사람이든지 건강한 사람이든지 자기 교구의 모든 교인들을 가가호호 방문하는 것이었다. 그리고 하나님의 모든 것에 관하여 진지하게 대화하고, 교인들의 영혼 상태를 자세히 관찰하는 것이었다. 그 다음에는 대화하고 관찰한 것을 목회일지에 기록하였다. 이런 방법으로 그는 3마일 거리가 되는 자기 교구를 계속해서 순회 방문하였다."

사무엘은 이와 같은 엡웟 교구의 경건회가 옛 선조들의 수도원을 대신하기를 기대하였다. 그는 이러한 기대 속에서 "우리 선조들은 수도원에서 영적인 훈련을 받고 그리스도의 온전한 제자 되기를 배웠는데 종교개혁 이후 영국에서 모든 수도원이 폐지되었으니 우리 시대의 자손들은 어디서 이러한 기회를 얻을 수 있단 말인가?"라고 탄식하면서 '이 위대한 목적을 위하여' 경건회 운동에 헌신하였다. 이로부터 30여 년이 지난 후에 아들들이 '신성회'(Holy Club)를 시작할 때 아버지는 자신의 신념과 경험을 가지고 아들들에게 "참된 경건의 증진을 위하여 서로 연합하라……"는 말로 지속적으로 격려하였으며, 실제로 아들들의 메도디스트 운동은 아버지의 것을 꼭 닮은 것이었다.

12. 하나님의 이름으로 죄수들을 방문하라 – 감옥 전도의 선구자

존과 찰스가 신성회의 활동으로 처음 감옥의 죄수들을 방문하는 활동을 하게 되었을 때 그들은 좀 주저하였다. 이런 일을 전혀 해본 적이 없어서 두려운 마음이 들었으며, 또 토리당의 신사요 고교회 성직자로서 이렇게 행동하는 것이 과연 옳은 일인지 그리고 이러한 전도방법이 교회사의 전통에서 좋은 일로 인정되는 것인지에 대한 확신이 없었기 때문이다. 그래서 그는 이것에 관하여 아버지의 조언을 듣고 싶어서 편지하였다.

이때 아버지는 존이 죄수들을 방문하는 일을 꺼려하는 이유가 인간적인 두려움이나 혐오감이나 편견이나 오만한 생각에서 나온 것일까봐 매우 걱정된다고 하면서 "계속해라! 그리고 하나님의 이름으로 그들에게 가라! 주께서 너를 이끄시는 길로 가라. 그 길은 아버지인 내가 너희보다 먼저 걸었던 길이다!"라고 격려하였다. 아버지는 자신이 옥스퍼드 대학생 시절에 감옥 죄수들을 방문하여 돌보았던 일을 회고하는 것은 언제나 즐거운 일이라고 하면서, "네가 할 수 있는 대로 신중하게 행하라. 두려워하지 말라. 나의 마음과 나의 기도는 언제나 너희들과 함께 있다"고 아들들에게 용기를 주었다.

신성회 회원들이 매주 정기적으로 감옥을 방문하여 죄수들에게 설교하는 일을 보고 옥스퍼드 사람들이 조롱하고 비웃는다는 말을 들은 사무엘은 즉시 편지하여 "나도 그런 핍박을 당하였으니 그것에 놀라지 말라"고 말하면서 "더욱 확신을 갖고 계속하여 가련한 죄수들을 도우라"고 격려하였다. 이와 같이 감옥 죄수 전도는 사무엘이 시작하여 존과 찰스에게 이어졌으며, 이후 메도디스트 전도와 박애운동의 자랑스런 전통이 되었다. 초기 메도디스트 역사에는 토드 실라(T. Silla)와 같은 유명한 감옥 전도자들이 많았다.

13. 반 플라토닉 러브(Anti-platonic love)를 경계하라
- 이성적 사랑에 대한 교훈

사무엘은 아들들에게 젊은 날에 사랑의 선용과 남용에 관하여 조언하기도 하였다. 그는 결코 청춘의 정열을 남용하지 말고 플라토닉 러브를 지키라고 다음과 같이 충고하였다.

"누구든지 세상에서 무언가 위대한 것을 이루려거든 인생의 청춘기에 플라토닉 러브를 깨지 않도록 많이 조심해야 한다(…… must guard against anti-platonic love in his youth). 반 플라토닉 러브(anti-platonic love)에 대하여는 아예 눈을 감고 마음을 닫아야 한다."[6]

아버지는 계속해서 아들들에게 그것에 대한 동경을 마음속에 품지 말고 미리 불살라 버리라고 하면서, 건전한 놀이와 건전한 운동을 하여 반 플라토닉 러브에 빠지는 위험에서 벗어날 것을 조언하였다. 아버지는 세 아들들에게 "실로 자신의 정욕을 제어하지 못한다면 아무도 위대한 인간이 되지 못한다"고 힘주어 말하면서 아들들의 사랑과 인생을 지도하였다.

14. 사무엘과 아들들의 성격

사무엘과 수산나는 서로 다른 성격을 갖고 있었다. 아마도 서로 정반대였다고 할 수 있다. 그래서 그들은 때때로 작은 일에도 서로의 생각이 달라서 불화했으며, 목사관에서는 큰 소리가 나기도 했다. 그것은 사무엘의 성급하고 혈기 있는 성격 때문에 생기는 것이었다. 수산나는 큰아들에게 "가난이 집 문으로 들어오면 사랑은 창문으로 날아가고, 너희 아버지가 목소리를 크게 내면 불행이 집안으로 들어온다"고 쓴 적이 있다. 사무엘은 그 성격 때문에 허약한 아내의 마음을 자주 아프게 했다. 사무엘은 목소리가 컸으며 수산나는 늘 조용하였

---

6) Maldwyn Edward, *Family Circle*, p.36.

다. 사무엘은 급하고 참을성이 약하고 감정에 치우치고 쉽게 화를 내는 반면에 수산나는 인내심이 강하고 이성적이고 차분하여 자신의 감정을 잘 조절하였다. 존은 바로 어머니의 성격을 닮았고 찰스는 아버지를 꼭 닮았다. 그러나 두 아들이 똑같이 닮은 아버지 성격이 있으니, 그것은 곧 신체적이고 정신적인 용기와 불굴의 투지다. 아들들은 모두 어떤 시련과 역경에도 견디어내고 뜻을 이루는 신체적·정신적으로, 영적·도덕적으로 강인한 성격을 아버지와 선조들로부터 물려받았다.

15. 충성스런 국교도 사무엘의 고교회 정신

사무엘의 아들들은 아버지의 고교회(high church) 정신을 물려받았다. 웨슬리 가(家)는 사무엘 이전까지 강인한 비국교도에 속했으나 사무엘부터는 충성된 국교도의 길을 걸어갔다. 그리고 사무엘의 영국국교회에 대한 충성과 애정은 그의 세 아들에게 계승되었다. 사무엘은 "나의 교구에는 한 명의 교황주의자도 없고 분리주의자도 없고 모두가 충성된 국교도뿐이다"라고 말했다. 큰아들 사무엘은 일생 동안 국교회의 원칙과 규칙을 조금도 의심 없이 지킨 충성된 국교도였으며, 부흥운동이 진행되는 동안 내내 두 동생의 마음속에 고교회 정신을 심어주려고 하였다. 존은 형님의 강한 고교회 정신과 싸워야만 했다. 찰스는 사무엘 형님의 철저한 추종자로 행동했으며 때때로 존에게 고교회 원칙을 지킬 것을 강하게 주문하였다. 존은 부흥운동이 성공적으로 확장되는 것을 보면서도 그리고 메도디스트 평신도 설교자들이 집요하게 국교회로부터 독립을 요구하는 상황에서도 언제나 "나는 국교회 안에서 살고 죽는다. 모교회를 떠나지 말라. 모교회를 떠나는 것은 나를 떠나는 것이다"라고 국교회에 대한 변함없는 충성심을 표명하였다. 또한 그는 국교회가 교회 역사상 가장 잘 만들어진 성경적이고 사도적이고 복음적인 교회라고 믿었으며, 자신은 국교회의 모든 교리와 규칙을 충실히 지키며, 국교회의 리터지(예전)는 가장 건강하고 은혜로운 것이어서 평생토록 사랑한다고 몇 번씩이나 말했다. 세 아들의 국교회에 대한 애정은 아버지의 영향을 받은 것이며, 그들은 국교회가 취하는 가톨릭교회와 개신교회의 중간 길(VIA MEDIA)이야말로 진정한 기독교의 길이라는 신학적 확신을 갖고 있었다.

16. 기도하라, 읽어라 – 사무엘의 경건과 독서 지도

앞에서 밝힌 대로 세 아들은 아버지의 학자적인 소질을 물려받았다. 사무엘의 근면한 학구열은 자녀들에게 이어졌다. 아버지가 매일 부지런히 독서하고 연구하고 글을 쓰는 생활, 그리고 여러 가지 언어를 열심히 공부하는 모습은 자녀들에게 좋은 본보기가 되었다. 사무엘의 자녀들은 이처럼 경건한 학자의 가정에서 자라나서 그들 또한 경건의 학문으로 훈련된 위대한 학자들이 되었다.

사무엘은 아들들의 독서 지도를 직접 했고 그들의 신학적 형성에 깊은 영향을 끼쳤다. 아버지는 아들들의 옥스퍼드 대학 시절은 물론 성직생활을 하는 동안도 독서 지도를 중단한 적이 결코 없었다. 그는 존에게 성경에 관하여는 히브리 성경(Hebrew Bible)과 불가타 성경(Vulgate; 4세기 라틴역 성경), 그리고 사마리탄 성경을 비교하여 읽을 것과 그리스어 성경으로는 알렉산드아 번역과 바티칸 번역을 비교하여 읽으라고 조언하면서 자신은 대학 시절에 전자를 4번 후자를 5번 읽었다고 말하였다. 또한 그는 존에게 가장 좋은 주석들을 추천하면서 이것들을 아침과 저녁에 비교하여 읽을 것과 옥스퍼드 대학의 마당을 걸으면서 읽은 것을 묵상하라고 조언하였다. 그는 또 토마스 아 켐피스(T.A. Kempis)의 「그리스도를 본받아」를 약점과 강점을 분별하여 읽으라고 조언하였다. 특별히 존에게 교부들의 책을 주의 깊게 읽되 자신이 깊이 존경하는 존 크리소스톰의 모든 저서를 탐독하라고 조언하였다. 존은 아버지의 조언을 그대로 따랐으므로 존의 학문하는 방법과 사상 형성에 깊은 영향을 받았다. 그리고 이와 같은 독서 지도는 사무엘과 찰스에게도 똑같이 주어졌다.

아버지 사무엘은 아들들의 경건생활을 세심하게 지도하였다. 아들들이 어렸을 때에는 수산나의 지도가 중요했지만 그들이 집을 떠나 학업 중에 있을 때에는 수산나의 편지는 물론 옥스퍼드 대학 생활을 먼저 경험한 사무엘의 편지를 통한 지도가 실제적으로 많은 도움이 되었다. 장남 사무엘이 웨스트민스터 스쿨에 있을 때 아버지는 아들의 종교적 형성과 발달을 세심하게 지켜보면서 다음과 같이 조언하였다. "모든 일에서 하나님의 깊고 큰 뜻을 꼭 묵상하라. 규칙적인 기도의 습관을 지켜라. 정해진 규칙과 시간을 반드시 지켜라. 건강을 위해서 신체적 운동을 게을리하지 말라." 그는 또한 맏아들에게 음악이 예배와 경건생활에 대단히 유익하므로 자주 대성당에 가서 음악을 감상하라고 말했다.

아버지는 편지에서 존과 찰스에게 옥스퍼드 대학 생활의 모델은 '학문과 경건의 훈련장'이어야 한다고 가르쳤다. 그는 두 아들이 옥스퍼드에서 참된 경건과 용기를 가지고 세속과 악에 대항하여 선한 싸움을 잘 싸우고 있다고 하면서 하나님께 감사했다. 그리고 "너희들은 세상에 대항하여 싸울 몸도 인생도 하나밖에 없다. 너희들이 이 영적 전투에서 이기는 가장 좋은 방법은 오로지 기도와 금식을 계속하는 것이다"라고 충고하였다.

17. 내 아들! 내 아들! - 사무엘의 아들 자랑

사무엘 웨슬리는 늘 세 아들이 자랑스러웠다. 장남 사무엘은 옥스퍼드 대학교를 졸업하고 문학사와 문학석사 학위를 받은 후 런던 웨스트민스터 스쿨의 교사와 교감으로 있다가 영국 남서부의 티버튼 그래머 스쿨 교장이 되었다. 당대 영국의 명문고등학교 교장이 된 것이다. 존은 옥스퍼드 대학교에서 문학사와 문학석사 학위를 받고 국교회의 고교회 성직자요 옥스퍼드 대학의 교수(Fellow; 일종의 연구 교수직으로 일정한 기간의 연구와 강의 후에 전임교수가 되는 제도)가 되었다. 찰스도 역시 옥스퍼드 대학교에서 문학사와 문학석사 학위를 받고 국교회의 성직자로서 위대한 시인이요 찬송가 작가가 되었다. 존과 찰스는 교회사와 인류 역사에 위대한 공헌을 남긴 메도디스트 교회의 창시자가 되었다.

그는 아들 존에게 보낸 편지에서 "학문을 하는 데 있어서나 성직의 생활을 위해서 언어의 지식과 능력은 가장 중요한 요소다. 나의 세 아들은 모두 어려서부터 언어의 지식과 능력에 탁월한 은사를 갖고 있다"고 쓰면서 세 아들을 생각만 해도 하나님께 감사하고 행복하다고 말하였다.

사무엘 웨슬리는 부유한 외과의사인 형 마튜가 자신의 빈궁한 생활과 자식이 많은 것을 보고는 모욕적인 언사로 비난하자 "자식이 많은 것은 결코 부끄러운 일이 아니다. 나의 세 아들은 옥스퍼드 대학 출신이다"라고 오히려 높은 자존심으로 답하였다. 그는 특별히 존에 대하여 자랑스럽게 생각하였다. "나는 비록 시골 목사지만 내 아들은 옥스퍼드 링컨 칼리지의 교수다"라고 자랑하며 행복해하였다.

18. 나의 갈 길 다 가도록 - 사무엘의 최후

사무엘 웨슬리는 1731년에 말을 타고 가다가 떨어지는 사고로 크게 부상당하여 고통을 당하다가 1735년 72세에 이 땅의 순례를 마쳤다. 그는 임종에 이르렀을 때 "아버지! 많이 아프십니까?"라고 묻는 존에게 미소 지으며 큰 소리로 이렇게 대답하였다. "하나님이 나를 고통으로 정련시키신다. 내 모든 뼛속까지 아주 심한 고통으로……. 그러나 나는 내 인생의 모든 것 때문에 하나님께 감사하고, 하나님을 사랑한다." 존이 다시 "하나님의 위로가 적으십니까?"라고 묻는 질

엡웟교구 교회 입구에 있는 사무엘 웨슬리의 묘지

문에 그는 "아니, 아니, 아니!"라고 큰 소리로 대답하였다. 그리고 둘러 서 있는 가족들의 이름을 각각 부르면서 "하늘나라를 생각하라! 하늘나라를 말하라! 하늘나라를 생각하지 않는다면 우리의 모든 시간은 영원히 잃어버리게 된다"라고 말하였다. 이어서 존이 임종 기도를 마치니 그는 "이제 너희들은 할 일을 다 하였구나!"라고 말하고 천국으로 들어갔다. 그리고 평생 목회하던 엡웟 교구교회 정문 입구에 묻혔다. 그는 충성된 목사, 신학자, 시인, 저술가, 교육가로서 철저한 경건과 학문과 목회의 한평생을 하나님께 바쳤다.

메도디스트 역사에서 수산나는 늘 과대평가되었으며 반면에 사무엘은 과소평가되어 왔다. 사실 세 아들(사무엘, 존, 찰스)에 대해서 사무엘의 영향은 수산나의 영향만큼이나 깊고 컸다. 사무엘이 세 아들에게 보낸 편지를 보면 그가 아버지로서 아들들에게 얼마나 깊은 영향을 끼쳤는가를 잘 알 수 있다. 사무엘은 아들들에게 편지를 자주 썼으며, 편지에는 아버지와 아들들의 관계가 얼마나 친밀하고도 진지했는지 잘 나타나 있다. 사무엘은 이 땅에 살아 있는 동안 아들들에게 아버지인 동시에 친구, 본보기, 안내자, 스승, 철학자, 신학자, 상담자, 영적인 지원자였다.

제3부

메도디즘의 어머니

수산나 웨슬리

(1669~1742)

1. 탁월한 청교도 처녀 수산나

1) 스물다섯 번째 아이로 태어난 수산나와 그녀의 가정

　수산나 아네슬리(S. Annesley)는 1669년 1월 20일 런던에서 태어났다. 아버지 아네슬리 박사는 두 번 결혼했다. 첫 부인은 첫 아이를 낳다가 죽었고, 두 번째 부인과 24명의 자녀를 낳았다. 수산나는 두 번째 부인이 낳은 자녀 중에 막내다. 수산나가 19명의 자녀를 낳은 것은 모친의 다산(多産) 실력을 물려받은 것이 틀림없다. 만약에 아네슬리 박사가 아이를 24명만 낳았다면 수산나는 태어나지 않았을 것이고, 존 웨슬리도 없었을 것이다. 또 존 웨슬리는 수산나의 19자녀 중에 15째이고 찰스 웨슬리는 18째이니 만약에 그녀가 아이를 14명만 낳고 단산했다면 존과 찰스는 세상에 태어나지 않았을 것이다. 사무엘의 말처럼 자녀가 많은 것은 하나님의 영광을 나타내는 데 유리하고 복된 일인가 보다.

　이미 말한 것처럼 그녀의 아버지는 당대에 가장 대표적인 청교도 목사이며, 가장 영향력 있는 비국교도 지도자로서 1662년 2,000명의 비국교도 대 추방 때에 국교회에서 추방되어 많은 시련을 겪기도 하였다. 그는 '청교도의 대부' 또는 '영국의 사도 바울' 이라고 불릴 정도로 경건과 학문과 목회와 교회 지도력에서 탁월한 청교도 목사로 존경받았다.

　수산나의 외조부 존 화이트(J. White) 박사는 옥스퍼드 출신이요 크롬웰의 청교도 공화국 시대에 '종교 위원회'와 '웨스트민스터 신학자 위원회'의 의장으로서 그 유명한 '웨스트민스터 신앙고백'을 만든 장본인이었다. 수산나의 어머니는 이와 같이 명문가 출신이었지만 그녀에 관한 기록은 거의 없어서 자세히 알 수 없다. 그녀의 부모를 닮았을 것이라고 생각되는데, 그것은 수산나의 형제자매들을 보면 쉽게 알 수 있다. 수산나의 부모는 자녀들을 경건과 참된 지식, 그리고 철저한 청교도 신앙에 따라 양육했다. 그녀의 어머니는 24명의 자녀를 출산하였으나 대부분 어려서 죽었고 약 10명만이 장성하였다. 이렇게 많은 자녀를 기르면서도 그녀는 철저한 경건의 규칙을 세우고 그 규칙에 따라서 자녀들을 가르쳤다.

수산나는 자신의 자녀교육에 어머니를 본받고 또 어머니의 방법을 발전시켜서 적용했다고 볼 수 있다. 수산나는 청교도의 대부(大父)와 대모(大母)로 여겨졌던 부모 아래서 순결하고 완전한 청교도 여성으로 성장하였다. 그녀는 어려서부터 원칙과 목적, 그리고 규칙에 따르는 엄격한 실천으로 훈련된 생활을 하였다. 그녀는 아들 존에게 쓴 편지에서 "내가 어떻게 규칙에 따르는 생활을 배웠는지 말해주마. …… 어린 시절에 내가 아이들과 놀이에 빠져서 많은 시간을 보낸 후에 깨달은 것인데, 이때 나는 경건을 배우는 시간보다 놀이를 일삼는 오락에 더 많은 시간을 보내서는 안 된다는 규칙을 정하고 실천하였다." 이로써 그녀는 훗날 메도디즘의 창시자 웨슬리 형제의 어머니요 메도디즘의 어머니가 되는 길을 닦았던 것이다.

2) 경건과 신학의 실험실 – 어린 시절 수산나가 받은 가정교육

수산나의 경건과 지식, 특별히 그녀의 영어 실력과 성경과 기독교 신학에 관한 지식은 놀라울 정도로 깊고 넓고 풍부하고 정확하다. 그녀의 이해력과 판

단력과 표현력도 마찬가지로 놀랍고 탁월하다. 그녀는 평신도 여성이지만 실력으로 평가한다면 신학박사와 동등한 수준이라고 할 수 있다. 당시는 여성이 대학에 가는 것이 허락되지 않던 시대였지만 만약에 그녀가 대학교육을 받았다면 분명히 그녀는 위대한 신학자나 목회자가 되었을 것이다. 그러므로 그녀가 '이러한 수준 높은 교육을 어디서 어떻게 받았을까' 하는 것은 그녀에게 관심 가진 모든 사람들의 궁금증일 것이다. 수산나가 간직하고 있던 아네슬리 가문의 모든 기록이 1709년 엡웟 화재로 다 소실되었기 때문에 그녀가 가정에서 받은 교육에 관하여 극히 적은 기억이나 추측밖에는 말할 수가 없다.

첫째, 아네슬리 가정에서는 경건이 단지 형식이 아니라 원칙이요 실천이었다. 수산나는 아들 존에게 쓴 편지에서 "나는 어려서부터 그리스도의 경건과 규칙을 첫 번째 원칙으로 삼고 실천을 존중하는 가정에서 내 부모의 모범과 가족의 모범을 빈틈없이 배우며 성장하였다"고 자신의 어려서부터 받은 교육에 대하여 짧게 언급하였다. 또 소녀 시절과 처녀 시절을 지나면서 "매일 가족들의 경건의 모범을 지켜보면서 용기를 얻어 일찍이 나 자신을 온전히 주님께 드렸다"고 소개하였다.

수산나가 태어나고 성장한 집

둘째, 특별한 가정환경과 분위기 속에서 성장한 것이 그녀의 경건과 지식 형성에 크게 기여했다. 아네슬리 박사의 가정은 늘 명망 높은 비국교도 학자들과 지도자들, 그리고 탁월한 비국교도 학교의 학생들이 방문하여 대화하고 토론하는 일종의 아카데미와 같았다. 아네슬리 박사의 가정은 마치 경건과 신학의 실험장 역할을 하였던 것이다. 그들의 주제는 기독교의 진정한 경건과 이론신학과 실천신학, 특별히 국교회와 비국교회의 차이점 등이었다. 수산나는 이들의 대화에 깊은 관심을 갖고 귀 기울여 들었으며 자연스럽게 풍부한 지식을 배울 수 있었다. 수산나는 어려서부터 자신의 부모를 포함해서 당대의 가장 탁월한 학자들에게 가장 좋은 경건의 훈련과 신학 수업을 받은 셈이다. 수산나는 참된 경건의 지식과 실천을 배우는 것을 즐거워하였다. 그 결과 어려서부터 참된 경건과 참된 신학의 지식으로 형성된 성품을 소유하게 되었다.

셋째, 수산나는 이러한 비공식적인 교육만이 아니라 공적인 학교교육을 받았을지도 모른다. 즉 런던의 어느 그래머 스쿨(Grammar School; 중고등학교 수준에 달하는 학교로서 우수한 학생들이 대학을 가기 위해 다니는 각 지역의 가장 우수한 학교)에 다녔을 가능성이 많다. 또는 집에 정식으로 개인 교사(Tutor)를 두고 교육을 받았을지도 모른다. 아니면 부모에게 홈 스쿨링(Home Schooling; 가정 학교교육)을 받았을지도 모른다. 수산나 전기 작가들은 그녀가 라틴어와 헬라어와 불어에 능통했다고 말하기도 하나 확실치는 않다. 그렇지만 수산나가 성경 원어를 어떤 수준이든 알고 있었으며, 라틴어와 불어를 배웠다는 것을 얼마든지 추측할 수 있다. 왜냐하면 그 당시에 영국의 상류층이나 학자들의 가정에서는 불어를 배우고 말하는 것이 보통이었기 때문이다. 특별히 수산나는 정통 영어를 완벽하게 사용하였으며, 그녀의 영어 실력은 훌륭한 학자들의 수준과 같은 것이었다.

넷째, 수산나는 어려서부터 책을 많이 읽었다. 수산나가 받은 교육은 독서를 통한 것이었으며, 독서가 그녀의 학교요 경건의 훈련이었다. 성경은 물론 신학과 교회 역사와 경건문학에 관한 책들을 읽으면서 그녀의 영성과 신학세계가 형성되었다고 볼 수 있다. 그녀는 아들들에게 쓰는 편지에서 경건에 유익한 책을 추천하기도 하고, 신학적 대화를 나누며 아들들을 지도하였다. 아들들은 편지를 통하여 어머니에게 서슴없이 신학적 질문을 던졌으며, 때로는 수준 높은 신학적 질문이나 난해한 것도 있었지만 수산나는 그럴 때에도 아무런 무리나 오류 없이 정확하고 건전한 대답을 줄 수 있었다. 특히 존 웨슬리는 그의 신학 훈련과 목회의 실천 현장에서 까다롭고 난해한 문제에 부딪힐 경우 어머니에게 조언을 구했고 그때마다 가장 좋은 대답을 얻었다. 이 때문에 수산나는 아들들에게 경건 훈련만이 아니라 신학 훈련에서도 가장 영향력 있는 개인 교수(Tutor)가 되었다.

2. 13세 어린 소녀의 단호한 결심 – 비국교도에서 국교도가 되다

앞에서 쓴 대로 수산나는 어려서부터 부모의 비국교도 정신의 영향을 깊이 받았을 뿐만 아니라 당대의 탁월한 비국교도 학자들이 국교도를 비판하고 비국교도를 옹호하는 토론을 많이 들으며 자랐음에도 불구하고 그들의 비국교도 지지를 무조건적으로 따르지 않았다. 그녀는 아버지가 국교회로부터 추방당하고 심한 시련을 당한 사실을 다 알고 있었으며, 그 일 때문에 국교회에 대한 반감도 갖고 있었을 것이다. 그러나 수산나는 정반대로 13세가 채 안 된 어린 나이에 비국교회가 옳지 않으며 국교회가 옳다는 결론을 내렸다. 그리고 즉시 아버지의 교회를 떠나서 영국국교회에 정식으로 등록하고 출석하기 시작하였다.

수산나의 이러한 결심에 대한 기록은 엡윗 화재 때 모두 소실되어서 자세히 알 수 없으나 수산나는 존에게 쓴 편지에서 다음과 같은 말을 남겼다. "비국교도 교육을 받은 내가 비국교회를 떠난 것은 아주 비범한 일이다. 그러나 나는 내 지식의 한계 내에서 국교도와 비국교도의 논쟁과 양측 간의 주요한 비판에 관한 나 자신의 입장을 분명히 정리하였다." 수산나가 양측 간의 신학과 교회론적 논쟁에 나름대로 깊이 생각하고 자신의 판단을 내렸다는 사실은 그녀가 어린 나이에 벌써 신학적인 이해력과 분별력을 갖추고 있었다는 말로 들린다. 양측 간의 옳고 그름과 장단점을 정리하고 결론을 내린 것이다.

그녀가 비국교회를 떠난 이유들 중에 한 가지는 역사적으로 영국 안에서 일어난 불행한 대립과 투쟁이 비국교도에 의해서 빚어진 것이라는 판단이었다. 또 한 가지 이유를 들자면 비국교회의 조직이 너무나 산만하고 자유분방하여 교회의 통일성과 일치에 문제가 있다고 생각한 것이라고 추측된다. 수산나는 13세에 벌써 그만한 판단력과 결단, 그리고 강한 정신적 독립심을 가진 여성이었다. 그녀의 이러한 결심은 일생 변하지 않았으며, 이러한 확신은 세 아들에게로 이어졌으며, 그들도 여러 가지 유혹과 시련에도 불구하고 일평생 충성된 국교도로 국교회에 대한 애정과 자긍심을 가지고 살았다.

3. 그대는 나의 천국 – 키 큰 미인과 키 작은 목사의 결혼

웨슬리의 후계자요 웨슬리 전기 작가인 아담 클라크는 수산나가 성품이 우아할 뿐만 아니라 외모가 아름다운 여인이었다고 증언하였다. 웨슬리 가족의 생애 작가 조지 스티븐슨은 "수산나의 매력은 외모의 아름다움이라고 말하는 것도 정당하지만 그녀를 아는 사람이라면 외모보다도 그녀의 정신과 마음의 우아함이 훨씬 더 매력적이라는 사실을 인정할 것이다."라고 말했다. 이런 말들은 모두 수산나가 외모와 내면에서 모두 우아하고 아름다운 여인이었다는 것을 증명하는 말들이다.

 1688년 수산나는 영국국교회 목사인 사무엘 웨슬리와 결혼하였다. 사무엘이 약 163cm의 작은 키에 단단하고 땅딸한 몸을 가진 신사인 것과 대조적으로 수산나는 키가 크고 목이 길고 우아했으며, 날씬한 몸매에 고운 피부색을 가졌으며 연한 밤나무색 머리와 오똑하고 날카로운 코에 까만 눈을 가진 뛰어난 미인이었다. 그녀의 인상은 약간 우수를 띠었고 단정하였으며, 청교도적 근엄함이 드러나 보이면서도 경건미가 풍겼다. 사무엘은 약간 군인과 같은 엄격함과 귀족적인 요소가 있었으나, 언제나 시적인 상상력이 흘러나오는 낭만적인 성격을 가졌다. 그래서 그의 설교에도 유머와 위트가 곁들여 있었다. 반면에 수산나는 내면에 깊은 평온이 드러나 보였으나 유머를 말하거나 웃었다는 기록이 없다. 명문가에서 훌륭하게 성장한 아름다운 19세의 수산나를 아내로 맞은 26세의 사무엘은 더 없이 행복하였다. 둘의 결합은 가장 이상적이고 아름다운 것이었다. 사무엘은 그의 시집 「그리스도의 생애」에서 수산나의 모습을 이렇게 묘사했다.

  그대는 나의 천국
  그대의 두 눈에는 에덴이 빛나고

그대 발걸음마다 예쁜 꽃이 피어나네.
그대 몸짓마다 사랑이 가득하고
그대는 온통 고귀하고 아름다워라.[1]

4. 수산나의 가정 종교(Family Religion)

사무엘과 수산나 부부

수산나의 자녀교육 정신은 청교도 신앙의 전통으로부터 배운 것이다. 그녀의 부모는 청교도의 '가정 종교'(family religion)를 철저하게 실천하여 가정을 경건의 실험장으로 만들었으며, 수산나는 바로 청교도의 가정 종교로 훈련된 완전한 청교도 여성이었다. 청교도 신앙의 가장 중요한 실험장은 다름 아닌 가정이다. 아네슬리 박사는 가정을 잘 훈련된 교회로 만들려는 목표를 갖고 있었으며, 리처드 박스터는 기독교 신앙의 첫 번째 실천의 장은 가정이며, 이런 의미에서 가정은 하나의 거룩한 '신도회'(Society)가 되어야 한다고 강조하였다. 존 번연(J. Bunyan)은 교회를 가정(Home)과 가족(Family), 또는 '신앙의 가족'(the household of faith)의 의미로 이해하였다. 번연은 이상적인 교회를 '아름다운 궁전'(The Palace Beautiful)으로 그렸으며, 이러한 교회는 가장 먼저 가정 종교의 실천을 통해서 이루어진다고 생각했다. 청교도에게 가족은 교회의 못자리와 같다. 가정 종교는 청교도 경건의 핵심이다. 청교도 신학자 조셉 알레인은 "당신과 함께 사는 모든 가족을 그리스도 교회가 되게 하고 모든 집을 기도

---

1) G. Stevenson, 같은 책, p.203.

의 집이 되게 하라"고 가르쳤다.

수산나의 부친 아네슬리 박사는 리처드 박스터의 '참된 목자'(Reformed Pastor)를 자신의 가정에서 실현한 전형적인 청교도 목사였다. 그는 "목사들은 먼저 자신의 가족에 대한 신앙훈련에 집중해야 하고, 교인들 한 가족 한 가족의 신앙 훈련에 집중해야 한다"고 가르쳤다. 또한 그는 "종교는 가정생활에서 먼저 건실하게 건축되지 아니하면 결코 안전하게 세워지지 않으며, 신앙의 복, 그리고 교회와 국가의 복지와 영광은 전적으로 가정이라는 정부와 의무를 얼마만큼 잘 수행하느냐에 달려 있다"고 강조하였다. 더 나아가서 인류가 바라는 세상의 개혁(general reformation)은 가정의 개혁(family reformation)을 통해서만 가능하다고 박스터는 역설하였다. 수산나는 이와 같은 청교도의 가정 종교에 깊은 영향을 받았으며, 그녀는 청교도 전통의 가정 종교를 자신의 가정생활과 자녀교육에 그대로 실천했던 것이다. 존 웨슬리는 "가정 종교에 관하여"라는 설교에서 어머니에게 배운 가정 종교의 중요성에 관하여 다음과 같이 말했다.

"우리의 가족생활에 뿌리를 내린 종교만이 진정한 부흥을 이루게 될 것이다. 만일 우리가 가정 종교에 실패하여 자라나는 세대를 양육하는 데 실패한다면 그 결과는 어떻게 되겠는가? 현재 일어나고 있는 부흥은 짧은 시간 내에 죽어버릴 것이다."[2]

아네슬리 박사는 언제나 박스터의 가정 종교 원칙과 규칙들을 존중하며 실천한 청교도 경건주의자였다. 그는 1648년 영국 국회에서 행한 설교에서 영국

---

2) WJW., 7, p.77.

인들의 삶의 개혁과 행복은 전적으로 가정 종교의 실천에 달려 있다고 강조하면서 다음과 같이 단호한 질문을 하였다. "당신은 가정에서 무슨 역할을 하고 있습니까? 당신의 가

엡웟교구 교회의 목사관. 수산나의 자녀들은 이곳에서 태어나고 성장하였다.

정은 잘 세워진 작은 행복의 공화국(Common-wealths)입니까? 잘 훈련된 교회입니까?" 그는 "가정에서 기도하지 않는 사람이 천국에 들어간다는 말은 낙타가 바늘구멍으로 들어간다는 말과 같다"고 설교했다. 이처럼 아네슬리 박사는 가정은 기도와 성경읽기와 교리문답과 사랑의 교제와 신앙의 교훈과 경건의 훈련으로 묶여진 하나의 작은 교회와 같아야 한다는 청교도의 이상을 온전히 실현했던 사람이며, 수산나는 아버지의 청교도적인 이상과 실천을 그대로 본받은 청교도 여성이요 청교도 어머니가 되었던 것이다. 그녀는 아버지의 가정 종교를 결혼한 후 자신의 가정에서 실천하였다.

수산나는 1727년 존에게 보낸 편지에서 어렸을 때부터의 가정 종교의 중요성에 관하여 이렇게 역설하였다.

"아들아, 내 말을 잘 들어라. 늙은 나이는 우리의 인생이나 우리의 운명을 교정하기에는 가장 나쁜 시기다. 만약에 경건의 기초가 인생의 성장기, 즉 적절한 시기에 견고하게 다져지지 않는다면 나이가 들어서는 인생의 기초가 한없이 약해져서 결국

에 우리는 한없이 불행해지고 사악한 데로 떨어지고 말 것이다."3)

수산나의 경건의 기초는 부모의 가정 종교에 의해서 어려서부터 견고하게 다져졌으며, 엡웟에서 자란 수산나의 자녀들의 경건의 기초는 수산나의 가정 종교를 실천하는 신앙 양육을 통하여 견고하게 다져졌다.

5. 아버지보다 어머니가 더 중요하다 - 자녀교육에 대한 수산나의 사명감

수산나는 가난한 엡웟 교구목사의 아내로서 언제나 많은 자녀와 함께 생계를 유지하기가 어려울 정도로 가난했고, 잦은 출산에 몸은 쇠약했으며, 예기치 않은 불행을 계속 당해야만 했다. 그렇지만 그녀는 대가족의 생활을 성공적으로 경영해 나갔다. 어떠한 처지에서도 당황하거나 허둥대지 않았고, 포기하거나 낙심하지도 않았다. 가난이나 불운에 밀려 자녀와 가정을 방치하거나 되는 대로 살지도 않았다. 그녀는 온갖 시련과 고통

엡웟 목사관의 부엌.
이곳은 수산나가 자녀들을 가르친 교실이며, 메도디즘의 요람이었다.

---

3) Adam Clarke, *Wesley Family*, II, p.23.

속에서도 일보의 흔들림 없이 강철 같은 신앙으로 가정을 잘 훈련된 행복 공화국으로, 가장 복스럽게 세워진 하나의 작은 교회와 같이 만들어냈다.

특별히 그녀는 자녀의 종교교육을 위하여 완벽하고도 모범적인 제도와 규칙을 만들었으며, 자녀의 영적 양육을 위하여 최선의 방책과 가정환경을 준비하였다. 수산나는 리처드 박스터의 「성도의 영원한 안식」이란 책을 읽고서 자녀의 영적인 복리(welfare)를 위한 깊은 책임감을 품게 되었다. 그리고 이것을 위해서는 아버지보다 어머니의 역할이 더욱 중요하다는 사실을 확신하였다. 수산나는 다음과 같은 박스터의 말을 명심하고 실천하였다.

"어머니들이여, 당신들은 아버지보다 훨씬 많은 시간을 자녀와 함께 있습니다. 그러므로 가능한 한 일찍 자녀가 배울 수 있을 때부터 당신들과 함께 있는 동안 부지런히 가르쳐야 합니다. 그리고 자녀의 몸을 낳고 돌보기 위해 많은 노력을 하면서 자녀의 영혼을 구원하기 위하여 그만큼 노력하지 않는다면 얼마나 어리석은 일인지를 알아야 합니다. 어머니는 자녀의 몸을 위해 희생하는 것보다 더 많이 자녀의 영혼의 구원과 복리(welfare)를 위해 희생해야 합니다. 어머니들은 아버지들보다 천성적으로 훨씬 더 부드러운 애정을 갖고 있는데, 어머니의 부드러운 애정이 연약한 애정이 되어서 자녀를 멸망으로 가도록 내버려두기 쉽습니다. 그러므로 나는 당신들에게 촉구합니다. 자녀들이 당신들의 품에 있을 때에 가르치고, 훈계하고 감독하여 자녀들을 온전히 그리스도께로 인도할 때까지 자녀들에게 세상의 유혹에 떨어질 수 있는 틈을 결코 내어주지 말아야 합니다."[4]

---

4) Richard Baxter, *The Saints' Everlasting Rest*, p.86.

수산나는 박스터의 이와 같은 자녀교육을 위한 어머니 헌장을 자기 자녀들에게 그대로 실천하였다. 그녀는 1709년에 큰아들 사무엘에게 보낸 편지에 다음과 같이 썼다.

"지금 나의 삶에서 내가 바라는 것은 다만 한 가지인데, 그것은 내가 나의 자녀들을 몸으로 낳아 세상에 태어나게 한 것처럼 내 자녀들의 영혼의 구원과 행복(welfare)을 위해서 선을 행하는 최선의 도구가 되는 것뿐이다."5)

수산나는 자녀들의 기독교 신앙 양육을 위해 어린이용 '작은 안내서'(a little mannual)를 만들어 사용하였으나, 화재로 인하여 소실되고 말았다. 그 후 1712년에 수산나는 어린이용 작은 책을 썼으며, 여기에 박스터의 자녀교육 헌장과 같은 내용의 서문을 실었다. 그것은 다음과 같은 말로 시작한다.

"나는 너희들 안에 그리스도의 형상이 온전히 이루어지기까지 너희들을 다시 한 번 더 낳는 해산의 고통을 겪는 심정으로 이 글을 쓴다."6)

수산나는 청교도적 신앙 전통에 따라서 자녀의 신앙 양육이 하나님이 부모에게 맡기신 가장 큰 직무라는 사명감을 갖고 자녀의 신앙 양육에 일생을 헌신한 것이다.

---

5) Adam Clarke, 같은 책, p.32.
6) 같은 책, pp.32~33.

6. 행복의 교사 수산나 – 수산나의 자녀교육

1) 자녀교육의 성공 비결은 규칙(rules)을 지키는 '방법'(methods)

수산나는 자녀들이 갓난아이 때부터 일정한 규칙에 따르는 생활을 하게 하는 세심한 종교교육의 원리와 방법을 연구해냈다. 수산나의 자녀교육은 사실상 태어나면서부터 시작되었다. 물론 그것은 단순한 규칙에 따라서 생활하는 훈련이었다. 말하자면 잠자는 시간, 잠에서 깨는 시간, 먹는 시간, 노는 시간, 그리고 기도 시간 등 일정한 규칙과 시간표(a regular method of living)에 따라서 매일의 생활을 하는 것이었다. 그러나 정규적인 가정 학교(home school)의 학습 교육은 5살부터 실행되었다.

정규적인 교육을 5살부터 하게 된 동기는 이러하다. 첫째 아이 사무엘(사미; Sammy)이 5살까지 말을 못해서 부모는 이 아이가 벙어리가 아닌가 몹시 걱정하였다. 그러던 어느 날 사미는 자기가 좋아하는 고양이와 함께 어디론가 사라졌다. 수산나는 큰 소리로 사미를 불렀다. 그때 사미는 식탁 밑에서 "엄마, 나 여기 있어"라고 대답하였다. 사미는 이때 만 5살이었으며, 태어나서 처음으로 말을 한 것이다. 부모는 사미가 벙어리가 아니라는 사실을 알고 매우 기뻤다. 수산나는 곧 사미에게 정규적인 가정 학교교육을 시작하였으며, 이후로 태어나는 모든 아이들도 만 5살부터 정규적인 가정 학교교육을 받게 된 것이다.

수산나는 모두 열아홉 자녀를 낳았으나, 그중 아홉은 출생 후 며칠만에 죽거나 두 살도 못되어 죽었다. 그녀는 죽은 아이에 대한 슬픔을 곧 잊어버리고, 살아남은 열 자녀의 교육이 하나님이 자신에게 위탁하신 가장 큰 의무요 신성한 직무라고 믿고 자녀들의 종교교육에 전념하였다. 수산나의 자녀들은 영국 역사를 통틀어서 가장 경건하고 지성적인 가정에서 복된 교육을 받으며 자라난 셈이다. 수산나는 열 자녀의 교육을 성공적으로 수행하였으며, 그들은 모두다 수산나의 교육 이상과 목표에 따라서 잘 성장했다. 그리고 그중에 몇은 보기 드물게 총명하여 학업에 있어 특출함을 보였다. 존 웨슬리는 늘 분주한 엡윗 교구의 목사관 생활 속에서 대가족을 부양하며 단 한 번의 실패도 없이 성공적으로 많은 자녀를 교육하는 수산나의 모습에 대한 기억을 이렇게 표현하였다 :

"나의 어머니는 대가족의 살림을 도맡아 분주한 일상생활 속에서도 한결같이 단호하고 흔들림 없는 고요한 평정을 지니시고 모든 가사를 수행하셨으며, 열세 명의 자녀들에게 둘러싸여서 편지를 쓰고, 대화하고, 가르치곤 하셨다."

수산나의 성공 비결은 다름 아닌 '방법'(method)에 있었다. '방법'(method)이란 어떤 분명한 목적을 달성하기 위하여 일정한 규칙(rules)을 세우고 정해진 규칙에 따라서 훈련하는 생활(disciplined life by rules)을 의미한다. 그녀는 일평생 일정한 규칙에 따라서 생활한 여인이었다. 그녀는 모든 일을 정확하고 효과적인 규칙과 방법에 따라서 준비하였기 때문에 대가족 살림이라도 넉넉한 시간을 갖고 여유 있게 실행할 수 있었다. 집안의 대소사는 물론 교구목사의 아내로서 해야 할 일들도 수산나는 일정한 시간과 방법의 규칙을 세우고 그에 따라서 준비하고 실천하였다. 특별히 많은 자녀들에게도 공부 시간, 기도 시간, 쉬는 시간, 잠자는 시간, 기상 시간, 옷 입는 시간, 먹는 시간, 운동 시간 등의 규칙을 세우고 정해진 규칙에 따라서 하도록 하였다. 그녀는 아이들의 교육을 위해서 방 하나를 따로 두었다. 자녀들의 학습은 주일을 빼고 매일 철저히 진행되었으며, 학습 시간은 오전 9~12시와 오후 2~5시 사이의 매일 6시간이었다. 그리고 모든 학습 규칙은 병 때문에 몸이 아픈 경우가 아니면 반드시 지켜야 했다.

아이들은 아침 6시에 일어나 세수를 하고 옷을 입은 다음 7시에 아침 기도회를 가졌다. 그리고 8시에 아침식사를 하고 9시에 정규 학습을 시작하였다. 아이들은 하루 세 끼 일정한 양의 식사를 하였으며, 일체의 간식을 못 먹게 하였다. 또 매일 저녁 6시에 가족 기도회에 참석해야 하고, 기도회가 끝나면 곧 저녁식사를 하고 7시에는 목욕을 하고 8시 정각에 잠을 자게 했다. 웨슬리 전기 작가 피체트(W. Fitchett)의 말대로 수산나는 기차 시간표처럼 정확한 시간과 방법의 규칙에 따라서 한치의 착오도 없이 자녀교육을 목적대로 수행하였다.

2) 일정한 규칙에 의한 생활 훈련 - 수산나의 교육 방법(methods)

1732년에 존 웨슬리는 어머니에게 교육 원리와 방법과 실천을 분명하고도 간략하게 설명해 줄 것을 요청하였다. 존은 어머니의 교육 방법을 배워서 옥스퍼드 신성회(Holy Club) 회원들의 신앙 훈련에 적용하려는 목적에서 편지를 보낸 것이다. 수산나는 자신의 교육에 관하여 친절하고 자세하게 써서 보냈다.[7]

"사랑하는 아들아, 너의 요청에 따라서 자녀들을 교육시키는 데 사용한 나의 주요한 교육 규칙들을 다음과 같이 정리해 보았다. 아이들은 항상 일정한 규칙에 따라서 생활(a regular method of living)하도록 하였다. 태어나자마자 아이들이 할 수 있는 것부터 모든 것을 그렇게 하였다. 즉 옷을 벗는 것과 입는 것과 침대보를 교체하는 것부터 시작하였다. 만 한 살이 되기까지는 잠자는 훈련이 중요하였다. 잠자는 시간이 되면 아이들이 깨어 있어도 요람에 뉘었고 곧 잠이 들도록 요람을 흔들어주었다. 그리고 일어날 시간이 되면 깨어날 때까지 요람을 흔들어주었다. 이렇게 하여 아이들이 일정한 시간 동안, 즉 처음에는 오전에 3시간과 오후에 3시간씩 잠자도록 훈련시켰다. 그리고 그 후에 충분한 잠을 잘 때까지 2시간 정도 더 자게 하였다. 만 한 살이 되면(혹은 그 이전이라도) 회초리를 두려워하고 울 때는 소리를 내지 않고 울도록 하였다. 그렇게 해서 무엇에든 아이들이 크게 벌을 받는 일이 없게 하였다. 그래서 집안에서 아이들이 소리를 지르며 우는 소리가 들리는 일이 거의 없었으며, 가족들은 언제나 집 안에 어린 아이가 하나도 없는 것처럼 조용하게 살았다.

아이들이 젖 뗄 때가 되면 하루 세 끼 일정한 분량의 밥을 먹게 하였다. 식사 시간에는 어린이용 작은 밥상과 의자에 따로 앉게 하고 어른들이 지켜볼 수 있도록 했다. 그리고 자기들이 먹고 싶은 만큼 먹고 마실 수 있으나 다른 것은 요구하지 못하게 했다. 만일 아이들이 무엇을 요구할 때에는 하녀에게 조용히 속삭여 말하도록 했다. 아이들이 칼과 포크를 쓸 수 있게 되면 우리의 식탁에 앉게 했다. 아이들은 자기들이 좋아하는 음식만 요구하지 못하며, 똑같이 모든 가족을 위해서 제공된 음식을 먹도록 했다. 아침에는 어린이용 부드러운 식사를 하게 했는데, 어떤 때는 밤에도 그렇게

---

7) 1732년 7월 24일 수산나가 존에게 보낸 이 편지는 수산나의 교육 원리와 방법에 대하여 알 수 있는 매우 귀중한 자료다.

했다. 식사 때마다 주 요리는 한 가지이며, 일절 음식을 남기거나 버리는 것이 용납되지 않았다. 몸이 아파서 문제가 있는 경우가 아니면 결코 간식은 허락되지 않았다. 식사 시간에 부엌에 들어가서 하녀에게 무엇을 요구하는 행동도 절대 금지되었다. 만일 그런 행동이 발견되면 아이들은 반드시 매를 맞아야 했으며, 하녀는 엄히 책망을 받아야만 했다.

저녁 6시에 정확하게 가족 기도회를 가졌으며, 그것이 끝나면 곧 저녁밥을 먹게 했다. 그리고 7시에 하녀는 아이들을 목욕시켰고, 가장 어린 아이부터 옷을 갈아입히고 8시에 잠을 자게 했다. 하녀는 아이들이 잠들지 않아도 그대로 두고 나왔으며, 아이들이 잠들 때까지 곁에 지키고 앉아 있는 일은 허락되지 않았다. 아플 때에는 무슨 약을 주든지 잘 먹고 마시도록 훈련이 되어서 아무리 먹기 불쾌한 약이라도 먹이는 데 어려움이 없었다."8)

"아이들은 일찍부터 울거나 고집을 부려서 원하는 것을 얻을 수 없다는 사실과 무엇을 원할 때에는 언제나 예의 바르게 말해야만 한다는 사실을 잘 이해하였다. 아이들은 가장 낮은 하녀에게도 무엇을 요구할 때는 반드시 먼저 '저를 용서해 주십시오. 저에게 이것을 주시면 고맙겠습니다' 라고 말해야만 했으며, 만일에 하녀가 아이들이 이 말을 생략하는 것을 보고도 그냥 들어주면 하녀는 심히 책망을 받았다. 아이들은 서로의 이름을 부를 때에도 반드시 'brother' 와 'sister' 를 이름 앞에 붙여서 불러야 했다.

집안에서 큰 소리로 떠들거나 장난치고 노는 것은 결코 허락되지 않았다. 하루 6

---

8) A. Clarke, 같은 책, p.9.

시간의 학습을 위해서 언제나 집중하게 하였다. 어린 아이가 일 년에 사분의 일이나 되는 시간을 학습에 열중한다는 것은 믿기 어려운 일이다. 그것은 아이가 건강하고 인내심과 능력이 있을 때만 가능한 것이다. 그래서 병약한 케지아는 예외였다. 그렇지만 다른 아이들은 모두 성공적으로 학습을 받았으며 발전하였다. 정당한 이유 없이 자기 자리를 함부로 떠나거나 방으로 들어가는 것은 금지되었으며, 마당이나 정원이나 거리로 뛰어나가거나 하는 행동은 언제나 중대한 잘못으로 다스려졌다."9)

여기에 나타난 수산나의 교육 원리를 정리하면 다음과 같다. 첫째, 아이들이 스스로 할 수 있는 일은 자기 힘으로 하게 하여 정신적인 독립심과 사회적인 독립심을 길러주는 것이었다. 둘째, 질서 있고 절제하는 생활을 엄격하게 가르쳤다. 무엇에든지 자신의 욕구를 따라서 제 맘대로 하도록 내버려두지 않았다. 셋째, 잘못한 행동에 대하여는 반드시 책임을 져야만 하고 또한 형벌의 고통이 따른다는 것을 알게 하고 그로 인한 불행을 예방하게 하는 것이었다. 넷째, 온 가족이 행복한 생활을 하기 위하여 가정을 언제나 조용하고 평온하게 만드는 것이었다. 다섯째, 모든 말과 행동에서 정확하고 엄격한 예절을 지키도록 하는 것이었다. 무엇에든지 무례하거나 천박한 언행을 금하였다. 여섯째, 모든 언행은 언제나 신중하고 이성적이어야 했다. 일곱째, 아이들은 부모의 말씀에 기꺼이 순종해야 했다.

찰스 웨슬리의 아들 사무엘 웨슬리는 할머니 수산나의 자녀교육에 대한 추억을 다음과 같이 기록하였다.

---

9) Clarke, 같은 책, p.10.

"나의 할머니는 상당히 탁월한 실천적인 학문을 소유한 여성이어서, 많은 자녀들을 이 나라에서 가장 좋은 교육으로 가르쳤다. 할머니는 모든 유익한 지식을 아이들의 마음속에 넣어주고 감화시키는 복된 은사를 소유한 분이시며, 모든 지식을 아이들의 기억 속에 지워지지 않도록 새겨주는 교육 방법(methods)을 갖고 계셨다.

할머니는 아이들의 교육을 위해서 방 하나를 따로 사용하셨으며, 아이들이 어머니에게서 배운 것은 무엇이든지 함께 대화하고 토론하는 습관도 길러주셨다. 가장 놀라운 일은 아이들이 한 번도 매를 맞지 않았다는 사실이다. 왜냐하면 아이들은 어려서부터 회초리를 두려워하고, 소리 내어 울지 못하게 배워서, 그저 어머니의 손가락 하나만 가지고도 무엇이든지 잘못된 언행을 삼가고 교정하기에 충분하였기 때문이다."10)

수산나의 교육은 비록 공식적인 학교가 아니라 집안에서 하는 것이었지만 학교와 똑같은 학과목과 규율에 따라서 철저히 진행되었으며, 아이들은 학과목의 학습과 생활 훈련에 있어서 빠르고도 탁월하게 발전하였다. 수산나의 엡웟 가정 학교는 그 정신과 규율과 분위기에 있어서 마치 영국의 사립 기숙학교(boarding school)와 똑같았다. 그녀는 자신의 자녀들을 엡웟 교구 동네의 거칠고 무질서한 생활환경으로부터 격리시켜서 자신의 교육 목표와 이상과 방법대로 가르치기 위하여 최선의 노력을 다했다.

---

10) John Newton, *Susanna Wesley and the Puritan Tradition in Methodism*, p.108.

3) 1709년 화재와 수산나의 개혁된 교육

엡웟 목사관의 화재 사건 이전까지 수산나의 교육은 그녀의 계획대로 잘 되어 갔다. 그러나 화재는 온 가족을 뿔뿔이 흩어져 살게 했으며, 수산나의 자녀 교육에 치명타를 입혔다. 수키(수산나의 애칭)와 헤티와 마르타는 한동안 런던의 부유한 의사인 큰아버지 마튜 웨슬리와 함께 살러 갔으며, 다른 자녀들은 교구민들의 집으로 가서 신세를 지게 된 것이다. 아이들은 흩어져 살면서 어머니의 가르침과 전혀 다른 생활방식을 배우게 되었고, 거기서 제 맘대로 생활할 수 있는 자유를 맛보게 되었다. 수산나는 너무나 실망하였으며, 얼마 동안은 슬픔과 분노로 견디기 어려웠다.

아이들은 다른 집에 가서 약 1년 동안 지내면서 어머니에게 훈련받은 생활 습관을 거의 다 망가뜨렸다. 그들은 스스로 삼가고 절제하던 경건의 습관을 다 잃어버리고 말았다. 수산나의 아이들은 교구 안에 사는 아이들과 마음대로 어울려 놀면서 그들의 언행을 그대로 배운 것이다. 주일을 바르게 지키지도 않았고, 세속적인 노래도 아무거나 부르게 되었다. 대신 아이들이 전에 자랑스럽게 지키던 아름답고 품위 있는 경건의 언행은 대부분 잃어버렸다. 그들이 배운 어리석고 거칠고 무례한 언행을 개혁하는 것은 뼈아픈 노력 없이 불가능한 것이었다. 수산나의 아이들은 당시 링컨 주 사람들의 난폭한 성격에 오염된 것이었다. 수산나는 아이들이 집으로 돌아오자마자 아이들의 마음과 생활을 이전의 상태로 돌이키기 위해서 단호한 결심을 하고 비상한 방법을 사용하였다.

수산나는 이전에 사용하던 방법을 개혁하고, 새로운 방법을 고안하였다. 첫째, 그녀는 나이 많은 아이들이 나이 어린 아이들을 책임지고 훈련시키게 하였다. 둘째, 수산나는 새로 지은 집에서 온 가족이 함께 반드시 지켜야 할 소위

'엄격한 개혁'이라고 하는 규칙을 만들었다. 그것은 아침과 저녁에 학습을 시작할 때와 끝낼 때에 함께 시편송을 부르고 성경을 읽고, 간략한 기도를 하는 것이었다. 수산나가 가르친 시편송은 자녀들에게 시편과 시편 찬송에 대하여 특별한 애정을 갖게 하였으며, 후에 찰스와 존이 찬송을 만드는 데 큰 영향을 주었다. 셋째, 아침에는 그날의 시편과 구약성경 한 장씩을 함께 읽게 하였다. 넷째, 그러고 나면 아침식사 시간 전에 각자 개인 기도를 하게 하였다. 다섯째, 5시 정각에 모든 학습을 끝내고 나면 나이 많은 아이가 나이 어린 아이를 맡아서 그날의 시편과 신약성경 한 장씩을 읽어주었다.11)

화재 사건은 수산나의 자녀들의 마음속에 지워질 수 없는 기억을 남겼다. 존 웨슬리는 불 속에서 기적적으로 구원받은 것을 하나님의 특별한 섭리라고 생각하고 자신을 '불 속에서 건짐 받은 타다 남은 막대기'(a brand plucked from the burning)라고 표현하였으며, 찰스는 자신의 많은 찬송에서 '성령의 불길 속에 일어나는 구원의 역사'를 끊임없이 노래하였다. 수산나에게도 화재 사건은 하나의 중대한 전환점이 되었다. 특별히 자녀교육에 대하여 더욱 더 깊고도 무거운 사명감을 갖고 임하게 된 것이다. 즉 불 속에서 모든 자녀들을 조금도 상하지 않도록 보호해주신 하나님의 특별한 은총에 감사하면서, 동시에 자녀들의 삶을 하나님께 바치어 살도록 하는 경건의 교육에 더욱 노력하였다. 수산나가 새로이 도입한 '가족 개혁'(family reform)은 새로 지은 집에서 잘 정착되어 갔다. 그것은 수산나가 자녀들을 위해서 쓴 '작은 신학 논문들'의 가르침에 따라서 진행되었으며, 수산나가 자녀 하나하나에게 신앙과 인생에 대한 개인적

---

11) Clarke, 같은 책, p.13.

인 교훈을 주기 위해서 만든 정기 주간 상담(regular weekly interviews)을 통해서 더욱 더 좋은 열매를 맺게 되었다.

앞에서 말한 대로 수산나는 지붕이 무너지기 직전에 불 속에서 기적적으로 건짐 받은 존을 특별한 목적과 관심을 갖고 가르치기로 결심하였다. 1711년(5월 17일) 수산나는 자신의 저녁 명상록에 하나님께 다음과 같은 서원 기도를 써 놓았다.

"나는 감히 할 수만 있다면 겸손히 나의 삶과 나에게 주신 모든 것을 당신에게 바칩니다. 내 생의 남은 모든 것들을 당신만을 섬기는 데 기꺼이 드리기로 결심합니다 (오, 주님 꼭 그렇게 할 수 있는 은혜를 주소서). 그리고 당신이 특별한 자비로서 지켜주신 이 아이의 영혼을 위해 지금까지 기울여 온 것보다 더욱 더 세심한 정성을 다하기로 굳게 마음을 정합니다. 이 아이의 마음속에 하나님에 대한 신앙과 미덕의 규율을 심어주기 위해 나의 노력을 다할 것입니다. 주님, 내가 이것을 성실하게 실천할 수 있는 은혜를 주옵시고, 나의 이러한 의도가 반드시 결실하도록 복을 내려주옵소서."[12]

수산나의 가족은 겉으로 보면 화재 사건 때문에 크나큰 시련을 겪은 것 같았지만 신앙적으로 볼 때에는 깊고도 놀라운 하나님의 은혜를 경험하였던 것이다. 화재 사건은 수산나에게 자신의 삶과 모든 것을 하나님께 드리는 완전한 헌신의 동기가 되었으며, 특별히 자녀교육에 더욱 깊은 사명감을 갖게 하였으며, 다른 자녀보다도 존에게 더욱 더 세심한 정성을 기울이는 동기가 되었다.

---

12) Clarke, 같은 책, p.148.

4) 수산나의 여덟 가지 세부 규칙

수산나의 가족이 새 집에 다시 모여 새로운 생활을 시작할 때 수산나는 여덟 가지 새로운 세부 규칙을 만들어 사용하였다. 이 규칙은 엡윗 목사관 가족의 자녀교육 헌장으로 정착하였으며, 어린이의 마음을 이해하고 상식을 밝혀 주는 것으로 당시로서는 아주 보기드문 아이들 교육을 위한 훌륭한 방법론으로 평가받는 것이다.

    1. 비겁함과 벌에 대한 두려움이 자주 어린아이들을 거짓말하게 만들고, 결국에는 버릴 수 없는 습관이 된다는 사실을 알게 되었다. 이것을 방지하기 위해서 누구든지 잘못을 저지른 것이 알려졌을 때 만일 솔직하게 고백하고 그것을 고치겠다고 약속하면 매를 때리지 않는다는 법칙을 만들었다.

    2. 이러한 규칙을 사용함으로 많은 거짓말을 방지하였다. 한 사람이 이 규칙을 지키면 그 이상의 효과를 거둘 수 있었다. 일부러 얼버무리거나 모호하게 말하는 것을 일단 너그럽게 봐주면 이후에는 그 아이를 설복시킬 수 없다. 아이의 말 거의 모두가 진실하다 해도 일부분이 진실치 못하면 결과는 똑같다.

    3. 어떤 아이라도 한 번의 잘못에 대하여 두 번 꾸짖거나 두 번 매를 때리지 않는다. 이전에 저지른 잘못을 고쳤다면 이후에 어떤 경우라도 그것을 다시 들추어내거나 꾸짖지 않는다.

    4. 한 가지라도 순종했을 때에는, 특히 자신이 하기 싫은데도 순종했을 때에는 언제나 칭찬해 주어야 하며, 그 공로에 따라서 자주 상을 주어야 한다.

    5. 만일 아이가 순종했을 때 또는 부모를 기쁘게 하려는 맘으로 순종했을 때에는

혹 그 결과가 매우 좋지 않더라도 그 순종과 의도를 언제나 따뜻하게 칭찬하여야 한다. 그러면 아이는 앞으로 더 잘하려는 마음을 갖고 자라게 될 것이다.

6. 각자의 소유권이 침해받아서는 안 되며, 아무리 작은 것이라도 남의 소유를 침해해서는 안 된다. 동전 한 개라도, 핀 한 개라도, 소유자의 동의 없이 손을 대서는 안 된다. 이 규칙은 아이들에게 아무리 많이 가르쳐도 지나치지 않는다. 아이들이 부모나 지도자가 없어서 그런 습관에 빠지게 되면 수치스럽게도 인간이 세상에서 지켜야만 하는 정의를 소홀히 하게 된다.

7. 약속은 정확하게 지켜져야 한다. 아이에게 한번 선물을 주고 그 받은 사람이 그 물건의 소유주가 되면 그것을 다시 거두어서는 안 되며, 그 소유주의 처분에 맡겨야 한다. 다만 그 선물을 받을 때에 약속된 어떤 의무를 이행하지 않았을 때에는 예외가 될 수 있다.

8. 여자아이들이 글을 아주 잘 읽을 수 있을 때까지는 결코 일을 가르쳐서는 안 된다. 왜냐하면 글 읽기를 배우기도 전에 바느질을 배우기 때문에 여자들이 글을 잘 읽을 줄도 모르며, 읽어도 잘 이해하지 못하는 것이다.[13]

수산나가 실행한 여덟 가지 방법적 규칙(methodical rules)에 의한 교육은 자녀들의 학문적인 훈련과 정신적인 훈련과 도덕적인 훈련을 모두 포함하는 것이었으며, 실로 경탄할 만한 결과를 낳았다. 수산나의 교육은 아이들의 지적인 성장과 인격적인 성장을 동시에 가능케 하였다.

---

13) G. Stevenson, 같은 책, pp.165~166.

5) 아이들의 악한 의지 파괴 - 수산나의 교육 철학

수산나의 방법적 규칙에는 어느 정도 자유롭고 계몽주의적인 요소가 있다. 그러나 어떤 사람들은 그녀의 교육 방법이 잔인하고 비이성적이라고 혹평한다. 이와 같은 비판은 수산나가 사용한 방법 중에 첫째와 셋째 규칙에서 아이들이 잘못했을 때에 회초리로 때리는 형벌 때문에 나오는 것이다. 오늘날 일부 독자들이 수산나가 아이들에게 기쁨이나 격려를 주는 것 대신에 유아시기부터 매를 두려워하는 무섭고 강압적인 가정 정부(政府)로 아이들을 다스렸다고 비판하는 것은 이해할 만하다. 수산나는 아이들을 회초리로 다스려야 하는 이유를 아이들의 악한 '의지 파괴'(will breaking)에 있다고 설명하고 있다.

"아이들의 마음을 형성하기(in order to form the minds of children) 위해서 가장 먼저 해야 하는 일은 그들의 의지를 정복하고, 그들이 순종적인 기질을 갖도록 기르는 것이다. 이것을 이해시키는 것은 시간이 걸리는 일이며, 아이들과 함께 아이들이 감당할 수 있는 단계들을 천천히 밟아가는 과정이 필요하다. 그렇지만 의지를 복종시키는 일은 단번에 이루어져야 하며, 빠르면 빠를수록 좋은 것이다. 제때에 교정하는 일을 소홀히 하면 고집이 강해지고 나중에는 그 고집을 정복하는 것이 불가능하다. 그리고 그 악한 고집을 파괴하기 위해서는 아이에게나 나에게나 너무나 고통스러운 가혹한 방법을 사용하지 않을 수 없게 되는 것이다."14)

---

14) Charles Wallace Jr., *Susanna Wesley - The Complete Writings*, p.369.

여기서 수산나는 아이들의 마음과 성품을 형성하기 위해서 가장 먼저 필요한 것은 아이들의 악한 의지를 정복하고 파괴하는 일이며, 그것은 이르면 이를수록 좋다는 기본적인 신념과 원칙을 갖고 있었다. 왜냐하면 수산나는 인간의 원죄에 가득히 오염된 자기 의지(self will)는 죄와 불행의 뿌리이며, 복종된 의지(mortified will)만이 경건과 행복을 생산할 수 있다고 믿었기 때문이다. 그래서 그녀는 '일찍부터 매를 두려워하고 조용히 우는 것'은 나중에 어른이 되어서 고통과 불행을 당하지 않는 지름길이라고 믿었다. 수산나는 신앙이란 우리 자신을 하나님의 의지에 복종시키고 죄를 정복하기 위해서 우리의 의지를 꺾는 일이며, 이것을 이루기 위해서 먼저 자녀들은 부모로부터 엄격한 훈련을 받는 것이라고 생각했다. 수산나는 자녀들을 다룸에 있어서 여덟 가지 규칙에 나타난 대로 '회초리를 두려워함'과 '잘한 일에 상주기'를 병행하였다. 그렇게 하여 죄악을 행하면 반드시 정당한 심판과 그에 따르는 정당한 고통을 받으며, 선을 행하면 상급과 행복이 따른다는 것을 가르쳐주었다. 동시에 죄악된 방법으로는 결코 행복을 얻을 수 없으며 선을 행함으로 행복을 잃지 않는다는 것을 가르쳐주었다.

수산나는 아이들의 잘못을 교정하기 위하여 가혹한 방법을 사용하는 것이 필요하다고 주장하지만 그렇게 하는 것을 좋아하거나 좋은 방법이라고 생각한 것은 결코 아니었다. 그녀의 묵상 일기에는 매로 다스리는 가혹한 방법을 가능한 피하려고 하는 마음이 잘 드러나 있다. 다음의 고백은 아마도 아이 하나를 회초리로 때린 후에 아픈 마음을 가지고 기록한 것이라 여겨진다. 수산나는 자신에게 이렇게 경고한다.

"자녀들을 벌할 때에는 결코 너의 욕망을 만족시키기 위해서 하지 말고 다만 그들의 잘못을 바로 잡아주어야 하는 부모 된 책임감에서 하라. 그리고 벌이 지나치지 않도록 극히 조심하고 그 잘못에 적절한 분량의 벌을 주어야 한다. 또한 자녀들의 이성의 연약함과 판단의 미성숙함을 늘 배려해야 한다."15)

위와 같은 수산나의 생각과 방법은 그녀가 자녀교육에 있어서 무분별하고 가혹한 교정주의자가 아니었음을 보여준다. 그녀는 부모의 이기적인 욕망을 채우기 위해서나 조급하고 성마른 분노심을 가지고 아이를 가혹한 방법으로 교정하려고 하지 않았으며, 자녀에 대한 부모의 신앙적인 책임과 자녀에 대한 따뜻한 사랑에서, 그리고 어린 아이들의 마음과 의지의 연약함과 미성숙함을 충분히 고려하면서 자녀들을 교정하였다.

6) 엄격함과 느슨함의 균형을 지키는 교육

수산나는 교육 방법에서 엄격함과 느슨함의 균형을 잘 지켰다고 볼 수 있다. 그녀는 지나치게 엄하지도, 지나치게 느슨하지도 않았다. 그녀는 엄격한 규칙과 온화한 사랑을 적절하게 사용하였다. 수산나는 하고 싶든 하고 싶지 않든 간에 무조건 강요하는 식으로 지나치게 엄격한 교육을 받은 아이들이 나중에 다른 아이들보다 더 나빠진다는 사실을 알았다. 물론 그녀는 아이들이 하고 싶은 대로 제멋대로 방종하는 것이 최악의 결과를 낳는다는 사실도 알고 있었

---

15) John Newton, 같은 책, pp.113~114.

다. 그래서 수산나는 토마스 아 켐피스(T.A. Kempis)를 너무 지나치게 금욕주의를 요구하는 사람으로 비판하고 그의 저서 「그리스도를 본받아」를 선별적으로 읽어야 한다고 말했다. 왜냐하면 켐피스는 모든 종류의 오락을 죄라고 거부하기 때문이다. 엡웟 목사관에서는 밝은 웃음이 들렸으며, 아이들은 카드놀이를 비롯한 다른 종류의 게임과 놀이를 즐겼다. 그러나 수산나는 아이들에게 장난감이나 인형이나 공을 주지 않았다. 존 웨슬리는 어머니가 아이들과 함께 카드놀이를 즐겼다고 추억하였다. 또한 수산나는 아이들에게 시편송과 찬송을 가르쳤으며 아이들은 어머니와 함께 음악을 배우며 노래를 즐겼다. 엡웟 목사관에서는 아침과 저녁에, 그리고 학습 시간에도 늘 노랫소리가 들렸다. 그렇기 때문에 수산나의 아이들은 어려서나 성인이 되어서나 어머니의 교육 방법에 대하여 거부반응을 나타내지 않고 오히려 존경하고 자신들의 가정에서도 자기 자녀들에게 어머니의 교육 방법을 그대로 실천하였던 것이다.

존 웨슬리는 자신의 설교 "가정 종교에 관하여"(On Family Religion)에서 자신의 어머니가 지켰던 교육의 원리와 방법을 매우 긍정적으로 평가하였다. 그리고 그는 "나와 나의 집은 주님을 섬기겠노라"(수 24:15)는 말씀을 강해하는 중에 다음과 같이 역설하였다.

"당신의 자녀들이 어릴 때에 죄악에 물들지 않도록 지켜주어야 합니다. 그러기 위해서는 훈계와 설득과 꾸중만이 아니라 때로는 벌이 필요합니다. 그러나 벌은 마지막 수단으로 사용되어야 함을 기억하십시오. 벌이란 모든 수단을 다 사용하고도 아무 효과가 없다고 판단될 때에만 사용하여야 합니다. 그때까지는 신체적 고통을 주는 방법을 피하기 위해서 최대한 부드러운 배려를 취해야 합니다. 끝까지 온화함과 친절함으로 가르쳐야 합니다. 만일 그렇지 않으면 당신은 심한 상처를 입을 것이요, 당신의 자녀도 지울 수 없는 상처를 입게 될 것입니다."16)

존 웨슬리는 1783년 "자녀교육 방법에 관한 생각"이라는 자신의 수필에서 방종과 엄격함의 양극단을 피하고 적절한 균형을 유지해야 할 것을 다음과 같이 가르쳤다.

"만일 부모들이 아이들을 너무 많이 자신의 의지에 내버려두거나 또는 필요 이상으로 지나치게 아이들을 억압한다면, 그리고 만일 부모들이 아이들을 전혀 벌을 주지 않거나 필요 이상으로 너무 지나치게 벌을 준다면, 한마디로 말해서 두 가지 방법 중에 전자든 후자든 하나의 극단에 치우치면 결국에는 그들의 모든 노력에도 불구하고 아주 좌절하고 말 것이다."17)

웨슬리는 어머니의 종교교육 목적이 인간의 마음을 자기 의지, 교만, 혈기, 원수 갚음, 세상에 대한 사랑으로부터의 자기 부정, 낮아짐, 온유함, 하나님 사랑, 이웃 사랑으로 돌이키게 하는 것이라고 믿었다. 그리고 그는 가능한 한 종교교육은 친절함과 부드러움과 따뜻함에 의해서 이루어져야 하며 아주 특별한 경우에는 '친절한 엄격함'(kind severity)으로서 교정하는 것이 필요한데, 그럴지라도 벌은 극히 조심스럽게 최후의 수단으로서만 사용되어야 한다고 가르쳤

---

16) *WJJ*, 7, p.80.
17) Newton, 같은 책, p.120.

다.18) 여기서 존 웨슬리가 말하는 '친절한 엄격함'이란 수산나의 교육 방법을 설명하는 가장 적절한 표현이라고 할 수 있다.

그렇지만 수산나의 원칙과 엄격한 방법은 결코 위축되지 않는다. 그녀는 "아이들이 하나님께 불순종하는 죄를 지을 때에는 결코 부모들이 '어리석은 사랑'(foolish fondness)을 가지고 그냥 넘어가지 말아야 한다"고 말하면서 많은 부모들이 이러한 '어리석은 사랑' 때문에 귀중한 자녀들의 인생을 망가뜨리고 있다고 주장하였다.

"많은 부모들이 세상적인 풍습대로 자녀들을 사랑과 친절로 대해야 한다는 뜻에서 자녀들이 악한 버릇에 물들고 탐닉하도록 내버려 두는데, 나는 이런 부모들을 오히려 잔인하고 악한 부모라고 부르고 싶다. 왜냐하면 악한 버릇은 발견되는 대로 즉시 버리도록 하여야 하며, 그렇지 않을 경우 그 버릇이 자녀들을 멸망으로 끌고 가기 때문이다. 어떤 부모들은 자녀들이 잘못하는 것을 보고도 그냥 내버려 두었다가 나중에 아주 많이 잘못되었을 때에 심하게 때리는 경우가 있는데 이것은 결국 아이들을 더욱 더 고통스럽게 체벌하는 결과를 낳는다. 아이가 잘못한 행동에 대하여 교정을 받을 때에는 그 잘못하는 의지가 완전히 정복되도록 해야 한다. 이것은 너무 오래되어서 아주 고집불통이 되지 않는 한 그렇게 어려운 일이 아니다. 아이들의 악한 의지가 전적으로 굴복되고 부모를 존경하게 되면 아이들은 더 이상 어리석은 잘못과 태만한 실수를 저지르지 않을 것이다. 어떤 잘못은 그냥 지나갈 수도 있고, 보고되지 않을 수도 있다. 그러나 고의로 저지르는 잘못은 절대로 그냥 용서되거나 적절한 벌

---

18) 같은 책, p.120.

을 받지 않고 지나가서는 안 된다. 나는 아이들의 악한 의지가 굳어지기 전에 일찍 정복되어야 한다고 주장한다. 왜냐하면 이렇게 하는 것만이 종교교육을 위한 강하고 올바른 기초가 되기 때문이다. 이러한 기초가 일찍 형성되지 않는다면 아무리 많은 교훈과 본보기를 보아도 효과를 거둘 수 없기 때문이다. 그러나 일단 이러한 기초가 잘 놓이면 아이는 부모의 경건과 이성적 가르침에 의해서 잘 다스려지는 것이다. 그래서 아이 스스로 하나님 앞에서 자신의 의무와 행복이 무엇인지 이해하기까지 성숙하게 되고 신앙의 원칙이 마음속에 뿌리를 내리게 된다."19)

7) 마음과 삶의 형성(formation of heart and life)을 위한 교육

위의 글을 읽어보면 수산나의 교육 원리와 방법은 분명해진다. 그녀는 부모가 아이들에 대한 무분별한 사랑 때문에 어리석은 방종에 빠져서도 안 되고 동시에 인내심을 잃어버려서 지나친 가혹함에 빠지는 위험을 경고하고 있다. 수산나는 엄격한 훈련이 먼저 이루어지면 순종은 일상적인 생활이 되고, 그렇게 될 때에는 아이들이 긴장하지 않고도 편안하고 쉽고 즐겁게 학습도 하고 생활을 하게 된다고 믿었다. 그리고 이러한 목적을 이루기 위해서는 일찍이 '아이들의 의지를 정복하는 것'이 꼭 필요하다고 주장하는 것이다.

수산나의 이러한 교육 원리와 방법은 두 가지 사상에 영향 받은 것이라고 여겨진다. 첫째는 이미 밝힌 대로 아버지 사무엘 아네슬리와 리처드 박스터를 비롯한 철저한 청교도의 경건주의 교육이고, 둘째는 당시에 중산층 계급의 부

---

19) Clarke, 같은 책, p.11.

모들에게 매우 유행했던 존 로크(J. Locke)의 교육 이론에 깊은 영향을 받았다고 여겨진다.

실제로 수산나는 존 로크의 교육에 관한 책들을 읽고 경탄했다. 수산나는 로크의 교육 이론과 방법을 잘 이해하였으며, 그의 '의지의 정복'(conquering the will)이라는 교육 원리에 깊이 공감하였다. 사실상 존 로크의 교육 사상은 청교도 경건주의와 깊은 관계가 있다. 왜냐하면 로크는 청교도 목사의 아들로 철저한 청교도 가정에서 자랐기 때문이다. 그의 아이들의 의지 정복이라는 교육 원리도 청교도 전통이라고 볼 수 있다. 여기서 중요한 것은 수산나가 존 로크의 교육 방법을 복음적인 것으로 만들어서 활용했다는 것이다. 수산나는 모든 자녀교육의 목적을 하나님을 기쁘시게 하는 데 두었다는 것이 로크와 분명히 다른 점이었다. 수산나는 로크와 같이 아이들의 정신과 인격과 삶의 모든 것은 교육에 의해서 만들어지고 형성된다(formation)고 믿었다. 그러므로 수산나는 아이들의 장래 인격 형성과 미래의 행복을 전적으로 교육에 의존했던 것이라고 볼 수 있다. 그리고 이러한 목적을 위해서 존 로크의 교육 원리와 방법을 사용했는데, 그것은 다름 아닌 '아이들의 의지를 정복하는 것 또는 굴복시키는 것', 그리고 가능한 '일찍 잘못을 교정하는 것'이었다. 수산나의 교육 목표는 아이들의 마음과 삶의 형성(the formation of heart and life)에 있었기 때문이다.

그러나 아이들의 의지를 정복하는 데 있어서 존 로크는 아이들의 의지를 '구부리기'(bending)를 강조하였고, 수산나는 '파괴하기'(breaking)를 강조하였다. 즉 수산나의 방법이 로크의 것보다 더 엄격하고 강하였던 것을 볼 수 있다. 수산나는 아이들의 영혼을 구하기 위해서는 일찍이 잘못된 의지를 파괴해야 한다는 신앙적 의무를 느꼈던 것이다.

수산나는 성경이 말하는 이상적인 여인, 즉 훌륭한 여인(good woman)이었다. 그녀는 자녀들이 최선의 인생을 살도록 그들의 성품을 형성해 주었다. 어떤 환경에서도 하나님과 선(goodness)을 사랑하고 거짓과 교만과 모든 죄악을 인생의 수치와 비통함으로 여기도록 가르쳤다. 그녀는 자녀들이 자기 의지와 혈기와 성급함과 완악함과 악한 고집과 어리석은 인간의 세속과 정욕에 대한 일체의 사랑을 버리도록 훈련시켰다. 그리고 그렇게 함으로써만 참된 경건과 참된 행복에 이른다는 것을 가르쳤다.

수산나는 자녀들을 '규칙에 따르는 훈련된 생활' 속에서 성장하도록 하였으며, 이렇게 함으로써 자녀들의 마음과 삶을 형성(Christian formation of heart and life)해주는 교육을 하였다. 수산나는 모든 자녀를 두 번씩 낳았다. 첫 번째는 몸을 낳았고, 두 번째는 성품을 낳아주었다. 그녀는 규칙에 따르는 훈련된 생활을 통하여 자녀들이 평생토록 행복하게 살아갈 수 있게 해주는 마음과 정신과 성품과 생활 습관을 낳아주었다. 이와 같이 수산나는 자녀들에게 규칙에 따르는 생활을 통하여 거룩한 습관을 길러주어 평생토록 지켜 살도록 했던 것이다. 실로 수산나는 최초의 메도디스트(methodist)였다. 웨슬리 형제는 어머니에게 배운 메도디스트 규칙들(methodist rules)을 일평생 지켜 살았으며, 또한 자신들을 따르는 추종자들에게 그리스도인 생활의 규칙을 만들어 지키게 함으로써 신앙부흥운동과 개혁운동을 성공적으로 이끌어 갔던 것이다.

8) 인내심 많은 교육자 수산나

수산나의 자녀교육에는 분명히 강압적인 요소가 있었으나, 무서운 독재자와 같은 모습은 전혀 찾아볼 수가 없다. 수산나의 성품과 생활 방식은 그러한 폭군적인 것과는 아주 거리가 멀다. 그녀는 단호하고 엄격한 성격의 소유자였으나, 너무나 차분하고 인내심은 한없이 강하였다. 그녀의 남편 사무엘의 성격은 수산나에 비하면 화내기를 잘하고 인내심이 약한 편이었다. 한번은 사무엘이 수산나가 아이를 가르칠 때에 한 가지를 스무 번을 반복하여 가르치는 것을 보고는 놀라고 감탄하여 다음과 같이 말하였다.

" '여보, 나는 당신의 인내심에 감탄하였소. 당신은 그 아이에게 같은 것을 스무 번이나 말하지 않았소?' 이 말을 들은 수산나는 '만일 내가 이 아이에게 그것을 열아홉 번까지 말하고 포기했다면 나는 지금까지 한 나의 노력을 다 잃고 말았을 것입니다. 이제까지의 나의 모든 노력에 왕관을 씌워준 것은 바로 이 스무 번째 시도입니다.' "[20]

9) 아들아, 너의 시간을 아껴라

수산나는 어려서부터 부모님의 엄격한 청교도 생활 훈련을 받으며 자랐다. 청교도 생활의 중요한 덕목 중 한 가지는 시간을 아끼는 것이다. 수산나는 어

---

20) Stevenson, 같은 책, p.169.

린 시절부터 시간 허비하는 것을 가장 슬퍼하였다. 즉 아무것도 하지 않으면서 귀중한 시간을 그냥 보낸다든지 또는 아무 보람도 없는 일에 시간을 사용하는 것을 죄악으로 여겼다. 그래서 그녀는 어려서 다른 아이들과 노는 것에 빠지지 않기 위해서 애썼으며, 놀이보다는 기도와 읽기에 더 많은 시간을 사용하였다. 수산나의 이러한 시간 아끼기는 일생 동안의 습관이 되었다. 수산나가 한 교구 목사의 아내로서 그 역할을 감당하고, 동시에 대가족을 돌보면서 자녀들의 교육에 충실할 수 있었던 것도 그녀의 시간을 아끼는 생활 습관 때문이었다고 할 수 있다. 수산나는 아들 존과 사미에게 '시간 아끼기'(redeeming the time)에 대한 비슷한 내용의 편지를 보냈다. 다음의 편지는 장남 사미에게 보낸 편지의 일부다.

"아들아, 네가 가장 먼저 해야 할 것은 가능한 너의 현재 환경에서 너의 모든 일을 일정한 방법(method)에 따라서 하는 것이다. 그렇게 함으로써 너는 너의 귀중한 시간을 가치 있게 사용하게 될 것이며, 너의 모든 일을 하는 데 있어서 놀라운 효과를 보게 될 것이다. 일정한 규칙(rules)을 지키며 생활하는 사람은 그렇지 않은 사람보다 동일한 양의 시간에 엄청난 일을 하게 되며, 훨씬 더 큰 능력을 발휘하게 되며, 수천 배나 더 좋은 인생을 살게 될 것이다. 너의 하루하루를 알파와 오메가이신 그리스도와 함께 시작하고 마쳐라.

너의 학교생활 시간표를 정확히 알지 못하지만 나는 하나님을 사랑하는 것이 실제로 어떻게 하는 것인지 가르쳐주고 싶다. 그것은 가능한 한 너의 모든 시간을 아끼는 것이다(You redeem all the time you can). 네가 가진 모든 힘을 다하여 하나님을 사랑하기 위해서 너에게 주어진 모든 시간을 조금도 허비하지 말고 아껴야 한다. 그리고 무엇에든지 한눈팔지 않도록 스스로 엄격한 규칙에 따라서 생활해야 한다. 나는 어려서 부모님과 함께 살 때 너보다 자유로운 시간을 덜 가졌다. 내가 시간을 아끼는 것이 얼마나 중요한 것인지 알지 못할 때에는 기도와 읽기보다는 노는 데에 더 많은 시간을 사용하였다. 그러나 그것이 어리석은 일이라는 사실을 안 다음부터는 결코 노는 데나 하찮은 것에 시간을 허비하지 않았다. 너는 노는 것뿐만 아니라 잠자고 먹고 하는 일 없이 멍하니 있는 것에 시간을 흘려보내지 말아야 한다. 너의 시간을 아끼는 것이 하나님을 사랑하는 것이다. 또한 너의 시간을 구하는 것(redeeming your time)이 너 자신의 영혼을 구하고 너 자신의 삶을 구하는 것이다."[21]

10) 생각은 많이 하고 말은 적게 하라

수산나는 자녀들에게 지혜로운 인생 철학을 아주 실제적으로 가르쳐주었으며, 자녀들은 이러한 가르침을 평생토록 잊지 않고 늘 기억하고 살았다. 수산나는 멀리 떨어져 있는 자녀들에게 써 보낸 편지들에서 무슨 일을 결정하고 처리할 때와 어떤 일에 대하여 또는 어떤 사람의 말에 반응할 때에는 언제나 "생각은 많이 하고 말은 적게 하라"(Think much and speak little) 또는 "깊이 생각하고 부드럽게 말하라"(Think deeply and speak gently)고 반복하여 가르쳤다. 수산나는 자신이 1709년부터 쓴 총 255편의 묵상일기의 제목을 "생각은 많이 하고 말은 적게 하라"라고 붙였다.

수산나는 자녀들에게 모든 말과 행동, 그리고 상대방에 대한 반응에 있어서

---

21) A. Clarke, 같은 책, p.319.

가장 중요한 것은 '말하기 전에 먼저 깊이 생각하고 많이 생각하는 것'이라고 가르쳤다. 그리고 언제나 꼭 필요한 말만 하고 불필요한 말을 하지 말라고 하였다. 그녀는 존에게 다음과 같이 편지하였다.

"사람의 모든 어리석음과 파탄은 진지한 생각 없이 말을 많이 하는 데 기인한다. 그것은 마치 목표를 보지 않고 아무데로나 화살을 쏘는 것만큼 미련하고 위험한 짓이다. 사람의 경건과 지혜로운 언행은 많이 생각하고 적게 말하는 데에 있다. 또한 자기 생각을 큰 소리로 거칠게 말하는 것은 분노와 다툼을 일으키는 불과 같으니 너의 생각을 조리 있고 부드럽게 말해야 한다는 것을 기억하여라. 언제나 너는 많이 생각하고 적게 말하며, 깊이 생각하고 부드럽게 말해야 한다."22)

11) 육욕적 사랑을 피하라

아들들에게 '반 플라토닉 러브'(anti-platonic love)를 경계하라고 가르쳤던 아버지 사무엘과 마찬가지로 어머니 수산나도 편지에서 아들들에게 육욕적 사랑을 피할 것을 여러 번 강조하였다. 존 웨슬리는 옥스퍼드 대학생 시절과 옥스퍼드 대학 교수로 있을 때에 친구 동생인 살리 커크함을 마음속으로 연모하고 있었으며, 또한 근처에 있는 코츠월드(Cotswold) 마을의 교양 있고 아름다운 여자들과 어울려 가끔 즐거운 시간을 가졌다. 어머니는 이 사실을 알고는 혹시라도 아들이 그 여자들과 교제가 깊어져 위험한 사랑에 빠질까봐 걱정하지 않

---

22) Charles Wallace, 같은 책, p. 284.

을 수 없었다. 수산나는 아들에게 특별히 여자들과 교제할 때에 있을 수 있는 육체적 사랑의 위험과 그것의 슬픈 결과에 대하여 경고하였다.

"아, 나의 사랑하는 아들아, 너는 이제 겨우 인생의 출발점에 서서 네가 곧 여행하게 될 눈앞에 펼쳐진 광대하고 무한한 세계의 지평선을 보고 있느냐? 너는 한 인간의 태만과 어리석은 실수와 청년기의 죄가 그 인생을 얼마나 흉악한 모습으로 만들어 놓는가를 다 알지 못할 것이다. 그리고 감각적 쾌락과 섹스에 대한 열망과 무분별한 교제가 진정 네가 바라는 것과 얼마나 다른 것인지를 알아야 할 것이다. 오로지 네 영혼의 구원을 위하여 지혜로운 친구를 사귀어라. 그리고 네 인생의 장래에 복이 되는 순결하고 건강한 친구와의 교제만 즐겨야 한다."[23]

또한 수산나는 육체적 열망과 진실한 사랑은 본질적으로 아주 다른 것임을 가르치려고 애썼다. 육체적인 열망은 대단히 강렬해서 인간을 자기가 바라는 것이 무엇인지 모르는 혼돈에 빠지게 만든다. 그러나 수산나는 육체적인 결합이 곧 사랑이 아니라고 한다. 즉 육체적 결합은 사랑의 결과이지 사랑 자체는 아니라는 것이다. 진실한 사랑은 순수한 기쁨과 행복을 가져다주는데, 이때는 육체적인 결합도 똑같은 기쁨과 행복을 가져다준다고 가르쳤다.[24] 아마도 존 웨슬리는 코츠월드의 여자들과 어울릴 때, 조지아에서 소피 홉키와 연애할 때, 그레이스 머레이 부인과 교제할 때, 그리고 바질 부인과 결혼할 때 분명히 어머니의 이 말씀을 기억하였을 것이다.

---

23) Stevenson, 같은 책, p. 204.
24) 같은 책, p. 204.

12) 찰스 웨슬리의 찬송에 나타난 수산나의 어린이교육

수산나의 교육의 영향은 존의 설교와 논문에 잘 나타나 있지만, 찰스의 찬송에도 아주 분명하게 표현되어 있다. 찰스는 1780년 판 「메도디스트 찬송가」의 "부모를 위한 찬송"과 "어린이를 위한 찬송" 부분에 부모에게 맡겨진 어린이교육의 신성한 책임과 어린이의 악한 의지 파괴의 필요성을 주제로 하는 찬송을 여러 곡 넣었다. 다음은 부모를 위한 첫 번째 찬송의 마지막 구절이다.

> 땅 위의 가련한 아이들을 도우소서.
> 아이들의 걸음마다 인도해 주소서.
> 위로부터 지혜를 내려주시어
> 천국의 자녀를 키우게 하소서.
>
> 미소와 찌푸림을 살피게 하소서.
> 선과 악을 가리게 하소서.
> 본성의 교만을 제하시고
> 악한 의지를 꺾게 하소서.
> (To time our every smile or frown,
> To mark the bounds of good and ill;
> And beat the pride of nature down,
> And bend or break his rising will.)[25]

---

25) CHPM, No. 467.

또한 찰스는 다른 찬송에서 수산나와 존 웨슬리가 가르쳤던 것과 똑같이 어린이를 다룰 때에 온화함과 친절함의 필요성을 강조하고 있다.

어린이의 마음에 순종을 가르칠 때에
가장 부드러운 열심으로 하기 원하네.
거칠은 손길로는 할 수가 없으니
사랑은 모든 순종을 가르친다네.

신실한 믿음으로 구하노니
위로부터 지혜를 내려주소서.
존경심과 순수한 사랑으로만
어린이의 마음을 움직인다네.

아이들의 의지를 지키고 살피어라.
상처난 마음을 붙들어주어라.
연한 마음을 부드럽게 잡아주어라.
아이들의 영혼을 하나님께 인도하세.
(To watch their will, to sense inclined;
Withhold their hurtful food;
And gently bend their tender mind,
And draw their souls to God.)[26]

---

26) CHPM, No. 468.

13) 가족 기도회는 '성스러운 훈련'(sacred discipline)

수산나의 자녀교육에 있어서 가장 중요한 것은 교회의 공중예배와 가족 기도회(family devotion)였다. 수산나는 아이들이 어릴 때에 주일을 거룩하게 지키는 것과 가족 기도회에 경건하게 참여하는 것을 제일 먼저 엄격하게 가르치고 훈련시켰다. 교회의 예배도 중요하였지만 어머니가 직접 인도하는 가족 기도회는 아이들의 신앙 인격과 성품을 형성하고 아이들이 일생을 살아가는 데 있어서 가장 중대한 영향을 끼치는 것이었다. 수산나는 1732년 아들 존에게 이렇게 편지하였다.

"나의 아이들은 말을 배우자마자 아침에 일어날 때와 잠자리에 들 때 매일같이 주의 기도를 하도록 배웠다. 그리고 아이들이 좀더 커가면서 주의 기도에 부모를 위한 기도와 매일의 기도를 하고 성경 몇 구절을 읽도록 하였다. 아이들은 말을 배우기도 전에, 그리고 걷기도 전에 아주 어려서부터 주일을 다른 날과 구분하여 거룩히 지키는 것을 배웠다. 아이들은 말을 하기도 전에, 그리고 무릎을 꿇고 앉는 것을 배우기도 전에 가족 기도회에서 조용히 앉아 있는 법과 기도회가 끝나면 손짓을 하여 축복기도를 구하도록 배웠."[27]

찰스 웨슬리는 "어린이를 위한 찬송"에서 위와 같은 어머니의 가족 기도회를 '성스러운 교육'(sacred discipline)이라고 불렀다.

---

27) Clarke, 같은 책, p.12.

성부 성자 성령이여 오소서.
우리 아이들을 위하여 구하오니
당신의 부요한 은혜를 내리소서.
하늘의 양식과 복으로 채우소서.
당신의 나라 위하여 훈련하여서
성스러운 교육을 바치리이다.[28]
(The sacred discipline be given,
To train and bring them up for heaven.)

    수산나는 자신이 지은 〈십계명 해설〉에서 기독교의 모든 경건의 기본은 주일을 거룩하게 지키는 것이라고 하면서 어려서부터 아이들에게 몸과 마음과 힘과 정성을 다하고 가장 온전한 예물(헌금)을 드려 지키고 그날과 그날의 모든 시간을 성별하여야 한다고 가르쳤다. 특별히 수산나는 어려서부터 주의 만찬에 나갈 것을 강조하였다. 그녀는 존 웨슬리를 8살 때부터 성찬에 나가도록 하였다. 수산나는 주일에는 아이들의 몸을 깨끗이 씻기고 깨끗한 의복을 입히고 마음을 정결하게 하여 성찬에 나가도록 하여 성만찬 신앙 훈련을 시켰다. 그녀는 자신의 일기에서 "영원하신 하나님 아버지께 영광을 돌립니다. 모든 분주함과 시끄러움과 걱정과 근심, 그리고 복잡한 생각을 버리고 온전히 당신을 경배하게 하소서"라고 기도하였다.[29]

    그녀는 자신의 자녀들이 하나님의 이름을 망령되이 일컫거나 저주하거나

---
28) CHPM, No. 473, verse 1.
29) Charles Wallace, 같은 책, p. 303.

맹세하는 말, 신성모독, 음란한 말, 거칠고 상스러운 말을 하는 것을 들어본 적이 없다고 증언하였다. 수산나는 자녀의 신앙 훈련은 자녀를 축복하는 성스러운 교육이라고 믿었으며, 무엇보다도 교회의 예배에 참여하고, 특별히 주일을 성수하고 매일의 가족 기도회에 충실하게 참여하는 것이 중요하다고 믿고 실천하였다. 훗날 존 웨슬리는 메도디스트 경건의 특징으로서 가정 종교(family religion)를 강조하였으며, 모든 메도디스트 가정에 매일 가족 기도회(family devotion)를 실천할 것을 가르쳤다. 실제로 가족 기도회는 초기 메도디스트 경건생활에서 가장 중요한 은혜의 방편이었다.

14) 자녀들을 매주 1회 한 명씩 만나다 – 뛰어난 상담자 수산나

아이들이 점점 자라감에 따라서 수산나는 아이들의 종교적 성장에 대하여 더욱 깊은 관심을 갖게 되었으며, 더욱 세심하게 그들의 종교적 정서와 사고와 인격 형성을 돕기 위하여 아주 특별한 방법을 사용하였다. 그것은 가족 기도회와 매일의 학습, 그리고 성경을 가르치는 것 외에 매일 시간을 정해놓고 아이들을 하루에 한 명씩 개인적으로 따로 만나는 것이다. 수산나의 시간표는 이와 같았다. "월요일에는 몰리와 만나고, 화요일에는 헤티, 수요일에는 낸시, 목요일에는 자키(존), 금요일에는 파티, 토요일에는 찰스, 주일에는 에밀리아와 수키와 만난다."[30]

이러한 수산나의 개인 지도는 아이들의 신앙과 인격 형성에 가장 깊은 영향

---

30) Clarke, 같은 책, p.92.

을 주었으며, 자녀들의 일생에 가장 아름답고도 복된 추억이 되었다. 수산나는 아무리 바쁜 때에도 아이들과 만나는 약속을 한 번도 못 지키거나 미룬 적이 없었다. 아이들 또한 언제나 어머니와 단둘이 만나는 시간을 어머니의 특별한 사랑을 받는 기회로 알고 기다렸다. 수산나는 개인지도 시간에 우선 아이의 이야기를 충분히 들었다. 아이들의 지난 한 주간의 이야기, 즉 힘들었던 일과 쉬

수산나의 기도 의자

웠던 일, 좋은 일과 나쁜 일, 기쁨과 슬픔 그리고 마음속의 고백을 들어주었다. 그리고 잘한 일에 대하여는 칭찬과 고마움을 표시하였으며, 잘못한 일에 대하여는 교정과 용서와 적절한 교훈을 주었고, 실패와 고통에 대하여는 위로와 용기를 주었다. 또한 수산나는 아이들의 모든 종교적 질문, 학습에 대한 질문, 그리고 인간의 삶과 세상에 대한 질문을 듣고 최선의 대답을 해주려고 노력하였다. 이렇게 수산나는 아이들의 인격 형성과 영성 형성을 위하여 모든 자녀들을 한 명씩 매주 1회 저녁에 약 1시간 내지 2시간 동안 만나 대화하고 기도해 주었다. 말하자면 수산나의 자녀 개인지도는 자녀와의 대화 시간, 고백 시간, 기도 시간, 상담 시간, 아이를 가슴에 품어주는 사랑의 시간, 위로와 용기를 주는 시간, 어머니와 단둘이 즐기는 데이트 시간, 아름다운 추억을 만드는 시간, 아이들의 마음과 성품을 만들어주는 시간, 자녀를 축복하는 시간이었다.

존 웨슬리는 어머니와의 목요일 저녁 만남을 결코 잊지 못했으며, 어머니의 말씀과 기도를 그리워했다. 그는 옥스퍼드 링컨대학에 교수로 있을 때에 어머니에게 드리는 편지에서 매주 목요일 저녁 어머니와의 데이트를 이렇게 추억

하였다.

"어머니는 매우 분주한 생활 속에서도 귀중한 시간을 내어 나를 만나주셨으며 나에게 깊은 감동을 주셨습니다. 어머니의 방법은 진정 성공적이었습니다. 만일 어머니께서 그 옛날 내가 어렸을 때에 나에게 하셨던 것처럼 오늘 나에게 적은 시간이라도 내어주신다면 얼마나 좋을까요? 정말 그럴 수만 있다면 그때 나의 마음을 만들어주었던 것처럼 지금도 나의 마음을 교정하는 데 매우 유익할 것입니다. 어머니, 오늘 나의 나 된 것은 그때 어머니와의 만남 속에서 된 것입니다. 어머니, 그때가 그립습니다."[31]

15) 수산나의 자녀교육을 위한 28가지 규칙

(수산나가 자녀교육에 사용한 방법적 규칙을 28가지로 정리한 것이다.)

1. 언제나 규칙적인 방법에 따라서 생활하게 했다.
2. 생후 일 년이 지나면 회초리가 두려운 것을 알게 하여 잘못을 저지르지 않도록 하였다.
3. 회초리로 매를 맞을 때에는 소리 내어 울지 못하게 했다.
4. 하루 세끼 외에 일체의 간식을 주지 않았다.
5. 성결하고 행복한 성품을 만들어주기 위하여 가능한 한 어려서 악한 의지를 파괴하고 나쁜 성격을 고쳐주려고 하였다.

---

31) WJJ, 1, p.119.

6. 말을 배우게 되면 곧 주의 기도를 가르쳐 잠잘 때와 깰 때에 외우게 했다.

7. 말을 배우게 되면 성경요절과 교리문답을 외우게 했다.

8. 주일을 다른 날과 구분하여 성수하도록 했다.

9. 가족 기도회에 반드시 참여하도록 했다.

10. 일찍 자고 일찍 일어나게 했다.

11. 어디서든지 경어를 쓰고 속된 말을 못하도록 했으며, 하녀에게도 경어를 사용하도록 했다.

12. 하나님의 이름을 헛되이 부르거나 저주와 맹세와 무례한 말을 일체 금했다.

13. 큰 소리로 떠들거나 노래하는 것을 금했다.

14. 매일 가정 학교의 6시간 학습에 충실하도록 했다.

15. 화재 사건 후부터는 조석으로 시편을 읽고 시편송을 부르게 했다.

16. 잘못한 것을 정직하게 고백하면 용서했다.

17. 특별히 거짓말하는 것을 용서치 않았으며, 엄하게 다스렸다.

18. 잘못한 언행에 대하여는 결코 그냥 지나치지 않았다.

19. 같은 잘못에 대하여 두 번 이상 책망하거나 매 맞는 일은 없었다.

20. 순종한 일에 대하여는 언제나 칭찬하고 때때로 상을 주었다.

21. 일단 순종을 했으면 성공을 못했어도 따뜻하게 인정하고, 다음부터는 성공할 수 있는 방법을 가르쳐주었다.

22. 각자의 소유물에 대한 권리는 반드시 보호되고 아무리 작은 소유라도 남의 것을 침해해서는 안 되었다.

23. 약속은 반드시 지키게 했다.

24. 남에게 한번 준 것은 다시 달라고 요구하지 못하게 했다.

25. 아무도 글을 읽기까지는 일을 시키지 않았다.
26. 자녀를 다룰 때에 엄격함과 느슨함을 균형 있게 사용하였다.
27. 사춘기에 들어서면 육욕적 사랑을 피하도록 가르쳤다.
28. 매주 1회 한두 시간 동안 한 명씩 만나 상담하였다.

16) 자녀의 행복과 하나님의 영광을 위한 교육 – 수산나의 교육 목적

수산나는 아이들의 의지가 부모의 경건한 신앙적 의지에 따라서 정복되고 다스려지고 훈련되고 안내되어야 한다고 믿었다. 여기서 말하는 의지는 아이의 자기 의지이며, 인간의 본성적 의지를 의미한다. 수산나는 아이들을 인간의 본성적인 의지대로 키운다면 불경건하고 비참하고 불행한 인생을 살게 될 것이라고 믿었다. 말하자면 수산나의 교육의 분명한 목적은 아이들이 하나님 안에서 행복한 삶을 살 수 있는 길을 가르쳐주는 것이다. 그리고 아이들이 자신들의 삶에서 본래 하나님께 돌려야 할 하나님의 영광을 나타내는 일이다. 수산나는 이것에 관하여 다음과 같이 주장한다.

"인간의 본성적인 자기 의지는 모든 죄악의 뿌리이며, 이것이 아이들에게서 자라나면 반드시 불경건과 비참함과 고통과 온갖 불행이 발생한다. 반면에 아이들에게서 이것을 굴복시키고 죽일수록 경건과 행복이 증진된다. 종교란 인간의 의지를 따라서 행하는 것이 아니라 하나님의 의지를 행하는 것 이상의 아무것도 아니다. 현세적인 행복과 영원한 행복에 가장 큰 장애물은 바로 이 자기 의지이다. 자기 의지에 방종하면 인생은 허망하게 되고, 자기 의지를 부인하지 않으면 인생은 아무것도 얻지 못한다. 천국과 지옥은 오로지 자기 의지를 어떻게 다스리느냐에 달려 있다. 그러므로 자녀의 자기 의지를 굴복시키기를 가르치는 부모는 영혼을 갱신하고 구원하는 일에서 하나님의 동역자가 되는 것이며, 자녀의 자기 의지를 방종하는 부모는 마귀의 동역자가 되는 것과 같다. 자녀의 자기 의지를 방종하면 종교는 아무 소용이 없게 되고, 구원도 잃어버리고, 종국에는 자녀의 영혼과 육체를 영원한 저주에 떨어지게 하는 꼴이 되고 만다."32)

수산나는 자녀들에게 진정한 행복(true happiness)은 성결에서 나오는 것(Holiness is happiness)을 알게 하는 교육을 시켰다. 그녀는 자녀들이 행복하기 위해서는 먼저 행복한 성품(happy temper)을 소유해야 하며, 행복한 성품(happy temper)은 성결한 성품(holy temper)이라는 진리를 가르쳤다. 수산나에게 행복한 삶(happy life)은 다름 아닌 거룩한 삶(holy life)을 의미하는 것이었다.

수산나의 자녀교육의 영향력은 아주 강력하고 정확했고 오래도록 갔다. 수산나는 아이들이 유학을 위해 집을 떠나 있을 때에도 교육을 중단하지 않았으며, 편지 왕래를 통해서 계속 자녀 지도를 이어갔다. 그리고 그녀의 제자들(수산나의 자녀들)은 스승의 위대함을 그들의 삶을 통해서 아주 잘 보여주었다.

수산나는 자녀들에게 훌륭한 어머니만이 아니라, 위대한 스승(teacher), 개인교수(tutor), 상담자, 인생 안내자, 친구, 신학 교수, 영적 지도자, 목사, 속회의 속장(class leader), 탁월한 경건의 표본이었다. 수산나는 자녀들의 인생의 행복을 위하여 자신의 경건의 수고와 훈련된 사랑(disciplined love)을 모두 다 쏟아

---

32) Clarke, 같은 책, p.12.

부었다.

17) 수산나의 편지학교

수산나의 자녀교육은 그들이 중·고등학교와 옥스퍼드 대학 학업을 위해서 집을 떠나 있을 때에도 끊이지 않았다. 엡웟의 가정 종교(family religion) 교육은 부모와 자녀 간에 편지 왕래를 통하여 계속되었으며, 편지를 통한 수산나의 교육과 대화와 상담은 수산나가 세상을 떠날 때까지 자녀들에게 중대한 영향을 끼쳤다. 웨슬리 형제들은 편지를 통하여 어머니께 자신들의 일과 생활을 말씀드리고 신앙과 신학에 관한 질문을 하였으며, 어머니는 언제나 따뜻하고 진지하게 들어주고 대답하고 안내하는 역할을 하였다. 이것은 실로 어머니 이상의 역할이었다. 즉 수산나는 자녀들에게 일생 동안 개인 교사(tutor)로서 살았던 것이다. 아버지 사무엘도 자녀들에게 편지를 썼지만 어머니 수산나가 훨씬 더 많은 편지를 썼으며, 웨슬리 자매들과 형제들은 아버지보다는 주로 어머니와 더 많은 편지를 친밀하게 주고받았다. 수산나의 편지는 단순히 인사나 안부나 소식을 주고받는 것이 아니었다. 실제로 수산나와 자녀들 사이의 편지를 보면 집안 얘기가 별로 눈에 띄지 않는다. 수산나는 편지를 교육적인 수단으로 사용하였던 것이다.

수산나는 총 74편의 편지를 남겼다. 이보다 더 많은 편지가 있었겠지만 그녀가 결혼 이전에 쓴 편지들은 발견되지 않았고, 결혼 이후에 쓴 편지들도 1709년 화재 때에 소실된 것으로 보인다. 그러나 화재 이후에 쓴 편지들은 거의 모두 현재까지 보관되어 있는데 총 74편이다. 논문식의 편지를 합하면 77개가 된다. 이 편지들 중에는 존에게 쓴 것이 36개로 제일 많고, 장남 사무엘에게 17개, 찰스에게 9개, 나머지는 남편과 딸들과 오빠, 그리고 가족 아닌 사람에게 보낸 것들이다. 그녀의 편지 내용은 단순한 소식을 전하는 것이 아니라, 신학적인 대화와 상담과 경건생활에 대한 가르침이 대부분이다. 잘 알려진 대로 그녀의 유명한 〈사도신경 해설〉과 〈십계명 해설〉도 화재로 인해서 잠시 떨어져 지내는 딸 수산나에게 보낸 편지에 쓴 것들이며, 자녀들과의 일대일 개인 상담에 관한 수필도 딸 에밀리아에게 보낸 편지였다. 수산나는 실로 뛰어난 편지작가라 할 만하다.

편지는 수산나의 엡웟 목사관의 부엌학교의 연장이었다. 수산나는 요즘처럼 교통수단이 발달되지 않은 시대라서 자녀들의 학교를 방문하여 만날 수는 없었으나, 편지를 통해서 자녀들을 만나고 대화하고 상담하고 가르치고 기도하고 안내하고 사랑을 주고 돌보았던 것이다. 수산나의 신앙과 사상은 그녀의 편지 속에 가장 잘 정리되어 있으며, 자녀들도 자신들의 생각을 편지를 통해서 가장 진솔하고도 분명하게 표현할 수 있었다. 수산나는 편지를 통하여 자녀들에게 사랑의 교사, 영적 상담자, 신학 교수,

존 웨슬리에게 보낸 수산나의 편지

인생 안내자의 역할을 아주 성공적으로 해냈다. 자녀들이 집을 떠나 있을 때에 수산나는 자녀들과 편지학교(correspondence school)를 운영하였는데, 이것은 얼마나 아름답고 훌륭한 학교였던가?

7. 아마추어 신학자 수산나 – 〈사도신경 해설〉, 〈십계명 해설〉,[33] 〈교리 해설〉

수산나는 자녀들의 종교교육을 위하여 두 권의 소책자를 썼다. 그 첫째가 〈사도신경 해설〉이다. 이것은 1709년 화재로 인해서 타버리고 말았다. 그녀는 1710년에 그것을 당시 화재 때문에 게인즈버러에 가서 살고 있는 딸 수키에게 보내는 편지 속에 다시 썼다. 수산나는 수키에게 목사관이 불타 없어졌기 때문에 가족이 흩어져 사는 상황에서 함께 모여서 학습이나 가족 기도회 등의 정규적인 지도를 할 수 없고 편지밖에는 다른 방법이 없다고 설명하였다. 그리고 이렇게 편지로나마 자녀들의 유익을 위하여 부모의 의무를 다하고 싶은 심정을 표현하였다.

수산나는 똑같은 편지를 장남 사무엘에게도 보냈다. 수산나는 화재 이후에도 종교교육을 중단하지 않고 흩어져 사는 자녀들에게 편지를 써 보냄으로써 교육을 이어갔다. 편지를 통하여 할 수 있는 모든 노력을 다 하였다. 수산나는 장남 사무엘에게 다음과 같이 썼다.

---

33) 수산나의 해설서는 Charles Wallace JR.가 편집한 책 *Susanna Wesley – The Complete Writings* (New York : Oxford University Press, 1997)에 실려 있다.

"나는 조금이라도 여유가 있을 때에 나의 자녀들에게 유익한 것을 써서 편지하는 것보다 더 좋은 일이 없다고 생각한다. 물론 이러한 주제에 관하여 내가 쓰는 것보다 더 정확하고 충실하게 쓴 좋은 책들이 많다는 것을 알고 있다. 나의 작품이 비록 보잘것없다 해도 나의 자녀들은 어머니가 자신들을 위해서 한 것을 귀중하게 여기리라고 생각한다. 왜냐하면 내 아이들은 자신들의 어머니가 세상에서 자기들의 행복을 위해서 가장 큰 노력을 하는 사람이라는 사실을 알고 있기 때문이다."[34]

수산나는 1712년에 편지로 쓴 〈사도신경 해설〉을 소책자로 만들어 자녀들의 종교교육의 교재로 사용하였다. 수산나는 〈사도신경 해설〉에서 기독교의 원리가 되는 모든 교리들, 즉 신론, 삼위일체론, 창조론, 섭리론, 기독론, 성령론, 속죄론, 구원론, 교회론, 종말론 등을 아이들이 이해할 수 있도록 쉽게 설명해 놓았다. 이것은 기독교 기본 교리에 대한 개론이라고 할 수도 있고, 일종의 작은 교리 해설서로서 작은 교회교의학(Church Dogmatics)을 닮았다고 할 수 있다.

수산나가 처음에 쓴 〈십계명 해설〉도 역시 화재로 소실되고 말았다. 그래서 그녀는 1711년에 역시 딸 수키에게 보내는 편지 속에 〈십계명 해설〉을 다시 썼으며, 1712년에 소책자로 만들어 아이들의 종교교육 교과서로 사용하였다. 수산나는 〈십계명 해설〉의 서문에서 "나의 자녀들에게 경건의 지식을 심어주기 위하여 하나님의 도덕법의 요약인 십계명을 강해하려고 하였으며, 이렇게 하여 기독교의 원리들을 간략하게 해설하였다"고 하였다. 그녀는 여기에서 하나

---

34) G. Stevenson, 같은 책, p.193.

님의 존재와 속성에 관하여 나름대로 설명하려 했으나 여러 가지 난해한 신학적인 주제에 해설하는 것을 삼가했다고 썼다. 왜냐하면 성경의 권위를 혹시라도 손상할까봐, 계시종교의 진리를 손상할까봐, 또한 최후에 하나님의 심판을 생각하고서 조심하여 이렇게 했다고 말했다. 그리고 가능한 한 단순한 언어로 쉽게 썼다.

수산나는 또한 〈하나님의 존재와 속성에 관한 작은 책〉(*A Little Manual*)을 썼다. 이것은 본래 수산나가 장녀 에밀리아와 함께 한 일종의 신학 강좌로서 교리 문답 내지는 교리 해설과 같은 것이었다. 이 책의 처음 원고도 역시 1709년 화재에 불타 없어졌다. 그러나 수산나는 그 내용을 잘 기억하고 있었기 때문에 1711년에 다시 써낼 수 있었다. 이 강좌의 해설은 에밀리아와 대화를 통해서 시작된 것이지만 수산나는 처음부터 자신의 자녀들에게 자연종교와 계시종교의 차이를 설명하고 동시에 계시종교의 원리와 하나님의 존재와 속성에 대하여 가르치려는 목적을 갖고 있었다. 이 강좌식 교리 해설은 약 50여 쪽에 달하는 비교적 긴 분량으로 당시의 신학적인 관심사와 분위기를 잘 보여주는 수준 높은 우수한 신학 작품이라고 할 수 있다. 이 해설서에 나타

수산나의 〈사도신경 해설〉의 일부

난 수산나의 신학적 수준은 당대의 옥스퍼드 신학자들에 비교한다 해도 결코 뒤지지 않을 정도다. 수산나의 전기 작가인 존 커크(J. Kirk)는 이 소책자에 대하여 다음과 같은 찬사를 아끼지 않았다.

"수산나의 세 편의 소논문35) 〈교리 교범〉, 〈사도신경 해설〉, 〈십계명 해설〉을 보면 그녀의 해박하고 깊은 경건의 지식에 경의를 갖게 된다. 수산나는 기독교 진리 전체에 대하여 친숙하게 이해하고 있으며, 그것들에 대한 깊은 이해를 갖고서 쉽게 표현하여 어린이를 위한 교범을 만들었다. 처음에 그녀는 이것들을 제일 나이 많은 아이들을 위해서 썼는데, 나중에는 정규 학습을 위한 교과서로 사용하였다."36)

수산나는 이러한 신학적 연습과 저작에 있어서 자신의 부족함을 깊이 느꼈으며, 더욱 많이 배우고 더 잘 준비되었다면 더 좋은 해설서를 쓸 수 있었을 것이라고 자신을 질책하기도 하였다. 그녀는 자신이 이러한 일을 하는 데 적합한 사람이 아니라고 생각했다. 그리고 실력 있는 신학자나 남편이 자신의 작품을 보고 비웃을지도 모른다고 걱정하였다. 그녀는 자신의 묵상일기에서 "세상에는 이러한 주제를 다룬 훌륭한 책들이 많은데 나 같은 사람이 굳이 써야 하는가 생각하기도 하였으나, 나의 자녀들을 사랑하는 마음으로 자녀들이 이해하기 쉬운 교재를 써서 가르치기를 열망했다"고 고백하였다.

그럼에도 불구하고 이 세 편의 해설서는 수산나의 자녀에 대한 신앙교육의

---

35) 여기서 세 편이라고 하는 것은 수산나와 장녀 에밀리아 사이에 행해진 '신학 강좌'(A Religious Conference)를 포함하여 말하는 것이다.
36) J. Kirk, *The Mother of John Wesley*, p.233.

노력과 열정, 근면, 용기를 보여준다. 웨슬리 가족의 전기 작가로 유명한 루크 타이어만은 수산나야말로 진정한 의미에서 탁월한 평신도 신학자, 실천신학자, 경건의 신학자, 여성신학자였다고 말하였는데, 이러한 평가는 아주 적절하다. 수산나는 교회사에 기념할 만하고, 또한 오늘날 우리가 본받아야 할 아마추어 신학자였다. 수산나 전기 작가인 존 뉴튼은 만일 그 당시에 여자도 대학에 갈 수 있었다면 수산나는 분명히 옥스퍼드 대학에 갔을 것이고, 당대에 위대한 신학자가 되었을 것이라고 생각했다.

8. 정통 신앙의 교사, 수산나

사무엘 웨슬리와 마찬가지로 수산나도 기독교 정통 신앙의 교사라는 칭호를 얻을 만하다. 그녀의 두 해설서에 담긴 교리 해설과 아들들과의 신학적 대화, 그리고 그녀가 일생 동안 지켰던 신앙과 생활은 그녀가 성경적이고 진정한 기독교의 교사라는 사실을 분명하게 보여주고 있다. 그리고 그녀의 정통 신앙은 아들들에 의해서 계승되었으며, 곧 메도디스트 부흥운동을 일으키는 동력이 되었다.

1) 하나님에 관하여

수산나의 교리 해설은 성경과 초대교회 정통 신조에 근거하면서도 마틴 루터의 신학, 개혁교회의 신학, 재세례파 신학, 그리고 가톨릭교회의 신학 요소가 들어 있다. 수산나는 이 해설서에서 기독교의 정통 교리를 차례로 해설한다. 먼저 하나님의 존재와 창조에 관하여 논한다. 수산나는 하나님의 존재는 창조의 행동과 창조의 역사(役事)에 의하여 증명되고, 우주에 놓인 계획과 질서, 그리고 인간 존재의 본성과 그 구조에 의해서 증명된다고 주장하면서, 우주 기원에 대한 우연한 발생설과 물질이 영원하다는 이론과 우주와 생명체의 기원이 원자들의 운 좋은 결집에 의한 것이라는 사상을 단호하게 반대하였다. 하나님의 성품과 속성에 대한 수산나의 설명은 초대교회 교부들의 정통 신앙을 계승하는 것이다. 악의 기원과 인간의 타락에 대해서도 성경과 일치하는 설명을 하고 있다. 특별히 그녀는 하나님은 쓰여진 말씀(성경)으로만 아니라, 예수 그리스도의 성육신으로 자신을 계시하는 것이 필수적이었다는 것을 강조하였다. 또한 수산나는 종교에 있어서 도덕성과 이성의 중요성을 강조하는데, 이것은 그녀가 당대의 신학과 철학 사상을 두루 공부했다는 사실을 보여준다. 수산나는 "하나님은 본질에 있어서 완전하시고 무한하시고 순수하시고 충만하시고 전능하시고 영원하시며, 그 성품에 있어서 권능과 지혜와 진리와 정의와 사랑과 미의 근원이시다"라고 설명하고 있다.

2) 예수 그리스도와 대속에 관하여

수산나의 기독론은 사도들의 케리그마(설교)에 근거하고 초대교회의 정통 신조를 따르는 고전적인 것이다. 그녀는 '그리스도'란 이름은 구약성경의 '기름부음을 받은 자'를 의미하며, 그 직능은 예언자, 제사장, 왕, 세 가지라고 설명한다. 그리고 이 세 가지 직능을 그리스도께 적용하고 있다. 예언자로서 그리스도는 하나님의 뜻을 온전하고 분명하게 계시하셨고, 제사장으로서 그리스도는 우리의 구원을 위하여 자신을 희생의 제물로 바치셨고, 왕으로서 그리스도는 죄와 죽음과 모든 어둠의 세력을 정복하셨다.

이어서 수산나는 그리스도의 구원 사업(works)에 관하여 다음과 같이 설명한다. 어느 누구도 행위의 공로를 주장함으로써 하나님의 은혜를 요구할 수 없다. 하나님의 구원의 은혜는 공로로 주어지는 것이 아니며, 다만 값없이 선물로 주어질 뿐이다. 우리 인간의 의(義; righteousness)는 더러운 누더기 같으며, 우리 인간의 행위는 하나님 앞에서는 아무것도 아니다. 그러므로 우리의 가장 고상하고 선한 행위라 할지라도 하나님의 호의를 얻을 수 없으며, 다만 그리스도의 공로를 의지해서 하나님 앞에 은혜를 구할 수 있다.

수산나는 대속(代贖; atonement)과 속죄(贖罪; redemption)의 교리를 고대 정통 신조를 따라서 해설하였다. 특별히 "본디오 빌라도에 의하여 고난당하시고"라는 부분의 해설에서는 그리스도가 우리를 위하여 겪으신 고통의 무게와 공포에 대하여 생생하고도 장엄한 언어로써 표현하였다. 이러한 표현은 찰스 웨슬리의 성만찬 찬송에서도 자주 찾아볼 수 있다. '그리스도의 십자가의 고난과 희생제사'에 대한 생생하고도 감동적인 표현이 수산나의 표현과 아주 많이 닮은 것으로 보아 웨슬리 형제는 어머니의 〈사도신경 해설〉을 마음속에 기억하고 있었음에 틀림없다.

"싸움은 아직 끝나지 않았고, 쓴 잔을 마실 것인가 아닌가 하는 고뇌는 계속되었다. 그리스도는 아버지로부터 끔찍한 고통을 받도록 버림을 받은 것이다. 그는 그 무서운 고통을 내다보면서 가능하다면 이 쓴 잔이 그냥 지나가게 해달라고 세 번이나 아버지께 요청했다. 그러나 그리스도는 온 인류를 구하기 위해서 반드시 이루어져야만 하는 하나님의 정의를 만족시킬 만큼 무거운 고뇌와 슬픔을 실제로 지고 있었던 것이다. 그리고 이러한 고통은 그의 땀이 핏방울이 되어 땅에 떨어질 정도로 우리가 상상할 수도 없는 고뇌였다. 그가 겪어야 할 고통은 표현할 수 없이 무서운 것들이지만 인자는 그 모든 고통을 견뎌내야만 했다. 그는 한 제자에게 배신당했으며, 또 다른 제자에게 부인당하고, 마침내는 모든 제자에게 버림당했다. 그리고 대적들이 증오와 악의에 차서 잔학한 공격을 가할 때에 처절한 신체적 고통을 당하는 만큼 영혼 또한 가장 쓰라린 비통함과 고뇌를 당했다. 만유의 주요 만인의 심판자이신 주님이 죄로 가득 찬 피조물로부터 시련을 받기 위하여 끌려나온 것이다. 순전하시고 흠이 없으신 하나님의 아들이, 아무런 잘못도 없고 그 입에 아무런 거짓도 없으신 분이 무섭고도 처참한 형벌을 십자가 틀 위에서 당하셨다. 머리에는 수많은 가시로 찔리고 두 손과 두 발에는 쇠못이 박히고 허리는 창에 찔리셨는데 모두 다 가장 신경이 예민하고 고통스러운 부분에 당하신 것이며, 말로는 표현할 수 없는 소름끼치는 고문을 당하신 것이다. 그러나 신성의 보호를 전혀 받지 못하는 버려진 상태에 있었기 때문에 그분이 당하는 영혼의 고통은 육체의 고통보다 훨씬 더 아픈 것이었다. 그래서 그분은 '나의 하나님, 나의 하나님, 왜 나를 버리시나이까!' 라고 소리치셨던 것이다. 그리고 마침내 '이제 다 이루었다'는 선언과 함께 전능하신 아버지 손 안에서 그의 순수하시고 흠이 없으신 생명을 아버지 뜻에 스스로 복종하여 드리신 것이다."[37]

---

[37] 딸 수키에게 보낸 편지(1709. 1. 13.) 형식의 〈사도신경 해설〉에서 인용. Wallace, 같은 책, pp.380~397.

3) 지옥에 내려가심에 관하여

수산나는 그리스도의 지옥에 내려가심을 고대 정통 신조를 따라서 설명하면서 그리스도가 지옥에 내려가셨지만, 저주받은 자들처럼 고문을 당하신 것이 아니라 그분은 자신이 당하는 비통함과 공포와 절망의 한가운데서 오히려 마귀의 지배권과 세력을 파괴하고 어둠의 나라를 정복하기 위하여 거기에 내려가셨다고 설명하였다.

4) 성령에 관하여

이어서 수산나는 성령의 역사란 "신앙을 강화(强化)하고, 우리의 마음속에 하나님의 사랑을 증거하고, 우리의 성품과 생활을 성화하고, 우리의 마음을 조명하고, 우리의 의지와 감정을 심사(審査)하는 것"이라고 정의하면서, 성령은 항상 말씀과 성례전, 그리고 그 밖에 인간의 영혼에 은혜를 전달하는 모든 은혜의 방편(means of grace) 가운데서 일하시고 협력하는 삼위일체 하나님이시라고 설명한다. 수산나는 계속해서 성령은 우리를 진리 가운데로 인도하시고, 우리의 연약함을 도우시며, 우리가 하나님의 자녀 됨을 확신시키며, 세상 끝날까지 그리스도의 거룩한 교회 안에서 우리와 함께 계실 것이라고 가르쳤다.

이처럼 수산나는 후에 아들들에 의해서 일어난 메도디스트 확신의 교리(doctrine of assurance)와 성화의 교리를 이미 엡웟에서 가르치고 있었던 것이다.

5) 교회에 관하여

수산나는 교회는 신자들의 모임이요 성도의 교제(communion of the saints)라고 정의하면서, 교회론을 성령의 역사와 연결시켜 설명한다. 만일 성령이 이 세상에서 우리를 보호하기 위해서 항상 역사한다면 성령이 우리의 영원한 행복을 지켜주는 것도 약속된 것이라고 말하면서, 그녀는 "땅에서 한 사람이 회개하면 하늘에서 천사들이 기뻐한다. 그리고 그는 모든 성도와 함께 동일한 신비의 몸의 지체가 되는 것이다. 참된 신자들은 거룩하고 신비한 그리스도의 몸에 속한 지체들이며, 한 주님으로부터 동일한 생명의 양식과 힘을 얻으며 함께 연합해 있다"고 설명한다. 그리고 그녀는 다음과 같이 결론을 내린다. "성도의 믿음은 미래의 소망 중에 있지만, 성도는 지금 여기서 그것을 소유(present posession)하고 누리고 있다. 그래서 그리스도인의 사랑의 연대(bond)와 교제(communion)는 언제나 교회 안에 충만하다. 성도는 이러한 교회 안에서 기쁨과 만족을 얻으며, 서로를 위해서 지원하고 기도한다."38)

6) 부활과 영원한 생명에 관하여

수산나는 부활에 대하여 초대교회의 몸의 부활 신앙을 그대로 따라서 설명한다. 그녀는 예수 그리스도의 부활은 물론, 그날에는 세상에 살다가 죽은 사람들이 각자의 몸을 구성하고 있던 모든 원자들이 죽음으로 인해 분해되었다

---

38) 같은 책, p.395.

가 다시 만나는 우주적인 랑데브(결합; general rendezvous)를 경험할 것이며, 재림의 주님 앞에서 모든 사람이 개별적으로 심판 받을 것이라고 믿었다.

수산나는 우리가 사도신경에서 고백하는 '영원한 생명'을 단순하게 끝없는 시간의 양이라기보다는 생명의 질을 의미한다고 설명한다. 그녀는 구원받은 성도의 생명과 구원받지 못한 자들의 생명 사이에는 무한한 질적인 차이가 있으며, 성도의 생명은 상상을 초월하는 영광스러운 하나님의 복이 있고 구원받지 못한 자들의 생명에는 감당할 수 없는 고통이 있을 것이라고 설명한다. 이어서 그녀는 그날에 성도는 하나님이 당신을 사랑하는 자들에게 예비하신 사람이 무엇으로도 표현할 수 없는 환희 가운데 있게 될 것이라고 믿었다. 또한 그날에 성도의 영혼은 완전히 성화될 것이라고 말하면서 그날에 성도가 입을 영원한 생명의 완전한 성화를 다음과 같이 설명한다.

"그리하여 성도는 더 이상 죄를 지을 수 없게 될 것이며, 모든 성도는 모든 죄악으로부터 정화될 것이며, 주님의 영광 속으로 높이 고양될 것이며, 모든 생각은 삼위일체 하나님의 영원한 진리와 영광의 모습으로 가득할 것이며, 그분의 빛을 받을 것이며, 만족할 것이다. 그러나 천국에서라도 우리는 하나님을 완전히 알게 되지는 못할 것이며, 다만 하나님만이 하나님 자신을 완전히 아는 것이다. 그리고 삼위일체로 계신 하나님은 삼위 간에 충만한 사랑과 완전한 이해 가운데 살아계시며, 그날에 성도는 그분의 존재와 성품을 분명하게 진실하고 바르게 보게 될 것이다. 그리고 이 세상에서 하나님의 정의와 선하심에 어긋나는 것처럼 보였던 어둡고 비밀에 싸였던 문제들도 그날에는 다 설명될 것이다.

우리는 그리스도의 부활의 영광의 능력과 빛으로 순결하게 되고 우리보다 먼저 신앙의 시련을 통과하여 영원한 상급의 나라에 들어간 복 받은 성도와 함께 동일한 처소에서 영원히 살도록 복 받을 것이다. 그때에 우리는 더 이상 이 땅의 슬픔과 고통의 감정을 갖지 않으며 이전에 겪었던 고난은 오히려 하나님의 특별한 은총이었다는 사실을 알게 될 것이다. 그리고 우리는 우리의 영혼을 이 풍파 많은 바다 같은 세상을 지나도록 지도할 뿐만 아니라 평화와 고요의 안전한 항구 – 그분의 영원한 행복의 나라에 이르도록 인도하신 그분의 권세와 선하심을 경탄하고 찬양할 것이다. 하나님은 우리에게 생명을 주시고, 이 세상 순례 길을 지나도록 보호하시고 먹여주시고 입혀주실 뿐만 아니라, 더욱이 당신의 외아들을 주시고 우리 위해 죽도록 내어주신 당신의 은혜로서 우리를 순결하게 하시고 당신의 영광에까지 이르도록 안전하게 인도하신다. 오, 당신의 복되신 은혜와 신비한 사랑을 찬미하나이다!"[39]

7) 죄와 구원에 관하여

수산나는 〈사도신경 해설〉의 마지막 부분에서 죄와 구원에 관한 주제를 다룬다. 그녀는 인간의 죄와 죄책감, 그리고 인간 본성의 부패는 성령의 능력으로 인간 마음에 일어나는 회심이나 중생의 역사로만 해결될 수 있다는 사실을 강조하였다. 또 결론 부분에서 인간의 타락한 본성과 하나님의 은혜는 죽음이 예수의 부활에 의해서 정복되고 죽을 것이 죽지 않을 것을 입을 때까지 결코 끝나지 않는다고 역설하면서, 인간은 결코 이 세상에서 죄를 완전히 없앨 수는

---

39) 같은 책, p.396.

없지만 하나님의 도우심으로 죄에 정복당하지 않고 죄를 이기는 생활을 하여야 한다고 강조하였다. 그리고 죄에 정복당하는 것은 곧 파멸과 비통과 회한, 마침내는 끝없는 불행으로 가는 길이며, 죄를 이기는 것은 진정한 행복을 얻는 길이라고 강조하였다.

수산나는 '우리가 그리스도를 주님이요 구주로 받아들일 때 우리의 죄가 용서되고 죄의 권세가 파괴되고, 동시에 우리는 하나님과 새로운 관계에 들어가게 되고 새로운 피조물이 되는데, 이때 우리는 우리 안에서 아담의 형상이 지워졌다고 주장할 수가 있는가?'라는 질문을 제시하면서 이 주제를 다음과 같이 비교적 섬세하게 다룬다 : 회심 후에는 곧 성결이 따른다. 즉 구원받자마자 신자는 충만한 구원(full salvation)을 얻기 위하여 정진하게 된다. 이것은 "우리를 의롭다 여겨주시는 분은 또한 거룩하게 하시고 영화롭게 하신다는 성경의 말씀과 일치한다." 즉 신자의 마음속에서 일하시는 성령은 신자가 하나님을 의지하며 사는 순간마다 깨끗하게 하시고 새롭게 하시기 때문이다. 그러나 이로써 신자의 '내적인 죄'(inward sin)가 완전히 제거된 것은 아니다. 신자는 하나님께로 더욱 가까이 가면 갈수록 아직도 죄악으로 가득 찬 자신의 모습을 알게 되는 것이다. 이것은 마치 사도 바울이 "나는 죄인 중에 가장 큰 죄인입니다"라고 비탄한 것과 같다.

수산나는 하나님을 대적하는 죄악으로 가득 찬 인간의 욕망, 교만, 불신앙, 불순종은 칭의 후에도 인간의 본성 안에 여전히 숨어 있으며, 이러한 '내적인 죄'로부터의 완전한 구원은 종말의 순간까지, 즉 이 썩을 것이 썩지 않을 것을 입을 때까지 기다려야 한다고 주장함으로써 성경적인 정통 신앙을 가르쳤다. 그리고 이러한 신앙을 아들들에게 물려주었다.

존 웨슬리는 1753년 그가 51세 되던 해에 자신이 이제 죽음의 순간에 이르렀다고 생각하고 자신의 묘비에 새길 비문을 유언하였다.

"여기에 존 웨슬리가 누워 있다. 불 속에서 꺼낸 막대기. 51세를 살고 죽었으며, 빚을 다 갚고서 10파운드의 돈도 남겨 놓지 않았다. 하나님은 나같이 무익한 종에게 자비를 베푸셨도다."

또한 그는 임종에 다다라서 최후의 기도를 다음과 같이 드렸다.

"나는 죄인 중에 가장 큰 죄인이로다. 그러나 예수는 나를 위하여 죽으셨도다. 그리스도는 나의 모든 것, 주님은 나의 모든 것이요, 나는 아무것도 아니로다."

존 웨슬리도 어머니와 같이 신자의 완전성화는 원죄로부터의 실수와 연약함과 무지와 유혹에 끌림이 전혀 없는 것이 아니요, 하나님과 이웃을 사랑하는 마음과 의도와 태도의 순수성이라고 가르쳤다. 수산나는 이 해설의 끝에 다음과 같은 기도를 넣었다.

"전능하신 하나님이 아이들의 마음을 비추시고 성령으로 아이들을 날마다 새롭게 하시고 성화하시어 이 세상에서 그의 자녀들로 확정하시고 이후에는 그의 복되신 나라의 상속자가 되게 하소서."

8) 수산나의 예정론 비판

수산나는 존 웨슬리에게 쓴 편지(1725. 6. 8.)에서 칼빈주의의 예정론을 비판하는 생각을 발표하였다. 그녀는 하나님이 아무런 잘못도 없는 인간의 운명을 무조건적으로 영원한 저주에 떨어지도록 미리 결정한다는 교리에 대하여 비성경적이고 복음에 역행하는 잘못되고 무시무시한 마귀의 발상이라고 아주 강하게 비판하였다. 영원한 행복과 영원한 불행은 인간의 자신을 위한 선택에 달려 있다고 주장하고, 이어서 진정한 행복은 인간이 동물적이고 죄악된 본성을 하나님께 복종시킬 때에 얻는 것이라고 주장하였다.

이 무렵 존 웨슬리는 칼빈주의의 몇 가지 교리 때문에 생각이 혼란스러웠으므로, 이 문제에 대하여 어머니의 조언을 구하려고 편지를 하였다. 예정론 교리를 자세히 살펴본 다음 같은 해 7월에 아들에게 보낸 편지에서 수산나는 극단적인 칼빈주의자들이 주장하는 예정론 교리는 매우 충격적이고 철저히 피해야 할 것이라고 조언하였다. 그녀는 하나님이 영생 얻을 사람들이 누구인지 미리 정하시고 아셨다고 가르치는 교리는 하나님의 값없이 주시는 은혜의 영광을 훼손시키고 인간의 자유도 불구로 만들어버리는 것이며, 결국은 하나님의 미리 아심이 대다수의 인류가 영원한 저주에 떨어지는 원인이 된다는 것을 의미한다고 말하였다. 그리고 이러한 교리는 하나님의 사랑과 정의에도 어긋나고, 성경의 계시와 예수 그리스도의 은혜의 복음을 무효로 만들어버리는 악마의 교리와 같은 것이라고 역설하였다.

한편 수산나는 칼빈주의자들이 주장하는 일반적 이중예정론은 부인하고, 하나님이 예수 그리스도를 통하여 믿는 자들을 선택하신다는 그리스도 중심의 선택으로서의 예정을 믿었으며, 하나님이 당신의 일을 위하여 당신의 일꾼들을 선택하신다는 섭리적인 예정을 믿었다. 이러한 예정론 교리에 대한 수산나의 설명은 훗날 아들들에 의해서 더욱 확고해졌다. 여기서 수산나는 분명히 예정론을 반대하고, 하나님의 '값없이 주시는 은혜'(free grace)에 의한 '모든 사람의 구원'(salvation for all)을 주장하였다. 어머니 수산나는 하나님의 구원의 은혜가 모든 인류에게 값없이 주어지며, 모든 믿는 자는 누구든지 구원을 얻는다는 '만인 구원의 교리'를 믿고 가르쳤으며, 이 가르침은 아들들에 의해서 온 세상에 전파되어 위대한 부흥운동의 원동력이 되었던 것이다.

9) 그리스도가 실제로 임재하는 성만찬 – 수산나의 성만찬 신앙

수산나는 성만찬에서 그리스도가 실제로 임재한다고 믿었다. 그녀는 아들에게 보낸 편지에서 성찬에서 그리스도의 '실제적 임재'(real presence)에 관하여 자신의 신학적 이해를 매우 깊이 있게 논리적으로 설명하였다. 그녀는 가톨릭교회의 화체설을 믿지는 않았지만, 그리스도의 성육신과 고난의 모든 은혜를 분여하기 위해서 '명백히 실재하는'(eminently present) 그리스도의 현존을 믿는 자신의 성만찬 신앙을 아주 강하게 표현하였다. 그녀는 그리스도의 실제적 임재는 결코 만족스런 설명이 불가능하며, 자신에게나 모든 믿는 자에게 신비로 가득한 것이며, 다만 이 신비한 은혜에 대한 정당한 태도는 경탄과 경배를 드리는 것뿐이라고 말했다. 수산나는 1732년 편지에서 다음과 같이 성찬에 대한 신앙을 고백적으로 표현하였다.

"성찬에서 그리스도가 실제로 임재한다는 것은 올바른 견해다. 그리스도의 신성과 구속의 은혜는 성령의 역사로 말미암아 성찬에서 명백히 실재한다. 우리는 성찬에서 표식만이 아니라 실제로 그리스도의 몸과 피를 받는다. 그리고 이 은혜의 역사는 우리에게 신비로 가득하다."[40]

존 웨슬리는 어머니의 편지에 이렇게 답장하였다.

"성찬에서 그분의 신성이 우리와 연합합니다. 이때 우리가 참다운 수찬자가 되는 것이 중요합니다. 나는 성찬에서 그리스도가 실제로 임재하는 것을 확실히 믿습니다. 또 성찬에서 우리와 그리스도와의 연합은 아주 신비로운 것입니다."[41]

수산나의 성만찬 신앙은 그녀의 아들들과 초기 메도디스트들의 신앙이 되었다. 성찬에서 그리스도의 실제적 임재의 신앙은 초기 메도디스트 부흥운동이 복음전도 운동인 동시에 성만찬 부흥운동이 되게 하였던 것이다.

10) 확신의 교리에 대하여

수산나는 나이 70세 되던 해(1739. 8)에 사위 웨스틀리 홀(W. Hall, 수산나의 딸 마르타의 남편으로서 영국국교회 목사였다)이 집례하는 성찬식에 참여하여 성찬을 받는 중에 "이것은 당신을 위하여 흘리신 우리 주 예수 그리스도의 피입

---

40) *LJW*.,1, pp.118~119.(일기 1732. 2. 8)
41) *WJW*.,7, pp.13~14.

니다"라는 선언을 들을 때에 깊이 감동하였으며, 곧 그리스도의 은혜를 통하여 하나님이 나의 모든 죄를 사하셨다는 사실을 마음으로 경험하여 알게 되었다. 존 웨슬리는 일기에서 어머니의 이러한 경험을 언급하면서 성령이 우리의 영에 죄 용서와 구원의 증거를 주시는 것이 사실이며, 이것은 모든 진실한 신자들이 소유할 수 있는 보편적인 특권이라고 설명하였다.42)

찰스 웨슬리는 어머니의 사죄의 확신의 경험을 기념하여 다음과 같은 찬송시를 지어 그의 「성만찬 찬송」(Hymns on the Lord's Supper)에 넣었다.

"성부는 성자를 계시하셨고, 성령은 떼어진 빵에서 성자를 알게 하셨도다. 이제 그녀는 죄 용서 받음을 알았으며 느꼈다. 그리고 천국의 복을 찾았도다."

수산나는 약 2주 후에 아들에게 위와 같이 고백하면서 죄 용서의 확신의 교리에 대하여 진지하게 대화하였다. 존은 이때 어머니에게 외할아버지도 이와 같은 신앙을 가졌는지를 물었다. 그녀는 외할아버지도 이러한 교리를 믿었으며, 임종하기 얼마 전에 지난 40여 년 동안 자신이 자비하신 주님께 받아들여졌다는 사실에 대하여 확신을 가졌기 때문에 자신에게는 조금도 의심이나 두려움이나 어두움이 없었다고 말했다고 대답하였다. 그리고 수산나는 외할아버지와 동시대 청교도 목회자들은 이러한 확증의 교리가 '불안한 영혼들'에게 목회적 배려로서 꼭 필요한 것이었으나 공개적으로 설교하기를 꺼려하였음도 이야기하였다. 그 이유는 이 신앙이 아주 소수의 사람들에게 특별한 경우에 주

---

42) *JJW.*, 1, p.167.(일기 1739. 9. 3)

어지는 것으로 보는 경향이 있었으므로, 이것을 갖지 않은 사람들을 실망시키거나 참된 신자들에게 없어서는 안될 것으로 생각할까봐 염려해서라고 했다.

수산나는 성령의 증거에 대하여 다음과 같은 고전적 청교도 신앙을 갖고 있었으며 이것을 아들에게 전해 주었다.

"신자가 성경말씀으로 마음과 생활을 조사할 때에 성령이 그리스도 안에 있는 참된 믿음과 사랑과 양심의 증거와 마침내는 중생의 표적을 분별하도록 빛을 비추어 주며, 이리하여 신자의 영혼은 하나님과 화평한 상태에서 오는 기쁨이 가득한 경험을 하게 된다."[43]

존은 어머니와의 토론을 통해서 확신의 교리가 성경과 경험에 비추어서 진정한 기독교 신앙이라고 더욱 확고히 알게 되었다. 이미 웨슬리는 1738년 1월 그의 일기에서 확신의 교리에 관하여 자신의 견해를 분명히 공언했다.

"내가 바라는 신앙은 그리스도의 공로를 인하여 나의 죄가 용서되었고 내가 하나님의 사랑 안에서 화해되었다는 신뢰와 확신이다. …… 아무도 자기가 소유했다는 사실을 알지 못하고는 소유할 수 없는 바로 그 신앙을 나는 원한다. …… 신자는 자신에게 부여된 성령을 통하여 의심에서 해방되며 자신의 마음에 주님의 사랑을 가득하게 하며, 성령은 나 자신이 하나님의 자녀라는 사실을 나의 마음속에 증거한다."[44]

---

43) John Newton, 같은 책, pp.195~197.
44) JJW.,1, p.424.

9. 수산나의 묵상일기

수산나는 17세부터 묵상일기를 쓴 것으로 알려졌다. 그러나 1709년 이전의 일기는 모두 불타 없어지고, 화재 이후 계속 쓴 묵상일기는 원본 그대로 지금까지 보관되어 있다. 1709년 이후 쓴 수산나의 일기는 총 255편이 전해진다. 수산나의 일기는 그녀 자신이 독서를 통해서 또는 성경을 읽은 후 자신의 생각이나 기도를 짧게 기록한 것들로서, 대단히 수준 높은 신학적 단상이나 영성적인 수필 같은 것들이다. 그녀는 주로 성경과 기독교의 교리와 경건의 덕목들에 대한 자신의 깊고 진지한 생각을 논리적으로 기록하였다. 그녀는 아침 묵상과 저녁 묵상, 그리고 정오 묵상을 하였으며, 자신이 쓴 묵상일기, 즉 묵상록을 가지고 날마다 기도하며 영성생활을 이루어 갔던 것이다. 그녀는 하루에 세 번 묵상기도를 하였으며, 자녀들에게도 아무리 바쁜 날이라도 하루에 세 번은 반드시 경건의 시간을 가지라고, 즉 묵상기도를 하라고 가르쳤다. 수산나는 그녀 자신을 위한 은혜의 방편(means of grace)으로서 묵상일기를 만들고 사용하였다. 묵상일기는 수산나의 영성생활에 있어서 가장 중요한 것이었다. 수산나에게는 묵상일기를 쓰면서 묵상하고 기도하는 시간이 가장 평화롭고 행복한 시간이었다. 수산나는 종종 일기를 자녀들에게 보낸 편지에 인용하거나 그대로 다시 써서 보냈는데, 이로써 수산나는 자신의 묵상일기를 자녀교육에 직접 사용하였다는 것을 알 수 있다.

현재 전해지는 수산나의 일기는 1709년 화재 이후 다시 쓰기 시작한 것부터 1727년까지의 것이다. 수산나의 묵상일기에는 많은 경건주의자들의 글이 요약되어 소개되고 있다. 거기에는 영국국교회 경건주의자들과 청교도 경건주의

자들, 그리고 고대와 중세 경건주의자들의 사상이 골고루 섞여 있지만, 주로 윌리엄 베버리지, 존 로크, 리처드 루카스, 블레이즈 파스칼, 조지 허버트, 길버트 버네트, 토마스 아 켐피스, 제레미 테일러, 헨리 스쿠걸, 윌리엄 로우 등 신학자들과 영성가들의 작품에서 발췌한 글들이 많이 포함되어 있는 것으로 보아서 수산나는 이들의 책을 많이 읽었으며, 자신의 묵상기도에 사용하였다는 것을 알 수 있다. 특별히 영국국교회 경건주의 신학자들인 윌리엄 베버리지 감독과 리처드 루카스, 그리고 당대의 교육 사상가 존 로크의 사상이 가장 많이 나타난다. 다음은 수산나의 묵상일기 중에서 특별히 돋보이는 몇 편을 골라서 요약한 것들이다.

1) 세상적인 것들을 거부하고 하나님을 바라라

이것은 영국국교회 베버리지(William Beveridge) 감독[45]의 '거룩한 삶을 위한 규칙'(Rules for Holy Living)에 나오는 글 중에 영적 생활을 위한 교훈을 요약한 수산나의 아침 묵상의 일부다.

"날마다 순간마다 너의 생각과 감정과 행동에서 불경건과 세속적 정욕을 거부하라. 우리는 이 세상을 다 지나기까지 우리의 하나님과 함께 진지하고 올바르고 경건

---

[45] William Beveridge(1637~1708)는 영국국교회 성직자요 고교회 경건주의 신학자로서 당시 콜체스터의 감독이었으며, 캔터베리 대성당의 사제로서 생애를 마쳤다. 그는 고교회주의자이면서 동시에 칼빈의 예정론을 주장하였다. 그가 남긴 저작은 *Exposition of the Thirty-Nine Articles*와 유고집인 *Works of W. Beveridge*가 있다. 수산나는 베버리지 감독의 글을 애독하였으며, 그의 '거룩한 삶과 거룩한 의무'에 관한 규칙과 실천사항을 매우 좋아하여 자신의 묵상일기에 많이 인용하였다.

하게 하나님이 정하신 길을 걸어가야 한다. 이 세상에 속한 것들을 피하라. 그것들은 우리를 짐승의 모양으로 만들고 우리를 썩은 오물처럼 버림받게 할 뿐이다. 우리 주님은 일찍이 이렇게 경고하셨다. '너희는 스스로 조심하라. 그렇지 않으면 방탕함과 술 취함과 생활의 염려로 마음이 둔하여지고 뜻밖에 그날이 덫과 같이 너희에게 임하리라.' (눅 21:34)

모든 부적절한 혈기를 죽여라. 성급하고 무분별하게 혈기를 부리고 분노를 터뜨리는 것은 너의 영혼에 불을 지르고 파멸로 끌고 가는 것과 같다. 네 영혼에 필요한 고요함과 평화와 질서를 하나님께 구하라. 그분 안에서 너는 너의 몸과 영혼이 쉬게 하라. 너는 네 영혼의 모든 무질서와 혼돈을 이길 수 있는 평온을 얻을 것이다.

하나님의 것들을 기뻐하라. 하나님을 삶의 목적과 기쁨과 행복으로 삼으라. 그분 외에는 아무것도 인생의 목적이 되게 하지 말라.

하나님을 두려워하라. 하나님만이 너의 정의로운 심판자이시기 때문이다. 너의 모든 잘못된 것들을 심판하실 그분의 슬픔과 분노를 두려워하라.

하나님을 믿고 신뢰하라. 그분은 너의 모든 진실과 충성에 따라 갚으실 것이며, 상급을 내리실 것이다.

하나님을 바라보라. 세상의 것들을 바라보면 너는 그것들에 끌려갈 것이며, 길을 잃을 것이며, 그것들이 너를 삼킬 것이다. 하나님은 너의 눈의 바라봄(비전)을 맑게 하실 것이며, 거룩하게 하실 것이며, 아름답게 하실 것이며, 너를 통해서 하나님의 영광이 온 세상에 비치게 하실 것이다."[46]

---

46) Charles Wallace, 같은 책, p. 265.

2) 세상으로부터의 실망을 참되게 사용하라

다음은 수산나가 루카스(Richard Lucas)[47]의 저서 「종교적 완전」(Religious Perfection)에서 인용하여 만든 저녁 묵상기도의 일부다.

"세상으로부터의 실망을 참되게 사용하라. 세속적인 것들로부터 떠나라. 그리고 영원한 행복을 구하라.

모든 인간의 희망과 실망, 잘 되는 것과 잘 안 되는 것, 행복과 불행이 하나님의 주권 안에 있음을 알라. 그러므로 우리가 세상에서 어떤 실망을 당하든지, 이 세상에서 십자가 같은 고통이나 환란을 만날 때에는 하나님께로 나아가야만 한다. 우리가 이 세상에서 실망하고 위로를 잃어버리면, 그것으로 끝이 아니라 그만큼 다른 차원의 세계에 우리의 희망과 위로가 있음을 알아야 한다. 그것은 바로 전능하신 창조주 하나님의 세계에서 오는 것이다. 그러므로 우리가 이 세상에서 실망 당하고 불행을 당할 때에는 주저 말고 하나님께로 속히 다가가서 그분의 세계를 바라보고, 그 나라의 행복의 공급자이신 하나님과 바른 관계를 맺어야 한다. 이것이 가장 좋은 길이라는 것을 명심하라. 그리고 이것이 너의 믿음이 되게 하라. 하나님께로 향하는 믿음은 세상의 죄악은 물론 세상의 모든 고난을 이기는 승리이다. 믿음은 세상의 부와 권력

---

47) 리처드 루카스(1648~1715)는 옥스퍼드 대학을 나온 후 영국국교회 성직자가 되어 런던에서 유명한 설교자와 저작자가 되었다. 그는 웨스트민스터 대성당의 사제로서 성직에 충성하면서 신비주의적 경건주의자로 생애를 마쳤다. 그의 유명한 저서로는 *Enquiry after Happiness*와 *Religious Perfection*이 전해진다. 수산나는 루카스의 저서를 다독하고 그의 경건주의 신앙을 경모하였으며, 자신의 묵상일기 중에 적어도 약 30여 편은 그의 저서에서 인용하거나 요약한 것들이다. 수산나는 존 웨슬리에게 루카스의 책을 읽을 것을 권하면서 루카스의 중요성을 강조하였다. 존 웨슬리는 곧 루카스의 책을 읽고서 그의 경건주의, 특히 종교적 완전에 대한 이해와 실천을 높이 평가하였다.

을 이긴다.

그러므로 이 세상에서 당하는 실망과 환란을 참되게 사용하라. 그것들을 하나님께로 가지고 가라. 너는 그때에 너의 마음을 하나님께 붙들어 매어 연합하라. 그것들이 세상의 것들을 향하는 너의 마음을 돌이켜서 하나님 안에서 너의 영혼이 참된 행복과 영원한 가치를 구하도록 하라. 세상의 실망과 시련을 당하면 그것들로 하여금 너를 채찍질함으로 너를 정화하고 성화하는 영혼의 유익한 도구로 삼으라. 오히려 그것들 가운데서 너는 진정한 평온을 찾고 쉬게 하라. 그때에 너는 하나님만이 너의 허무한 인생의 위로와 만족이 됨을 알라. 너는 세상이 주는 실망 안에서 세상의 위로와 하나님의 위로를 비교하여 보라. 어느 것이 더 진실하고 오래 가는 것인가? 어느 것이 더 강하고 더 좋은 것인가? 너는 세상의 실망 가운데서 비로소 세상의 쾌락이 얼마나 짧고 허망하고 부끄러운 것인지를 알 것이며, 그것을 얻기 위해서 너의 몸과 재물과 영혼을 쏟아 붓는 것이 얼마나 미련한 일이며, 그 결과가 얼마나 불행한 것인지를 알 것이다. 세상의 실망 가운데서 너의 눈을 세상으로부터 하나님께로 영원한 하나님의 나라로 돌려라. 그리고 너의 진정한 목적과 행복과 만족이 거기에만 있음을 알아야 한다. 그리고 세상에 속한 화려한 것들이 너를 얼마나 교활하게 속이는지를 또한 알아야 한다. 그것들을 통하여 마귀가 너를 얼마나 조롱하는지를 알아야 한다.

세상에서 실망할 때 마음과 정성과 힘과 영혼을 다하여 주 너의 하나님을 사랑하라. 그리고 그분이 주시는 선물을 기다려라."48)

---

48) 같은 책, pp.210~211.

3) 죽은 사람이든지 산 사람이든지 없는 데서 비난하지 말라

다음은 수산나가 루카스의 저서 「종교적 완전」(*Religious Perfection*)에서 인용하여 만든 '죽은 사람이든지 산 사람이든지 없는 데서 비난하지 말라'는 주제에 대한 묵상일기이다.

"죄 없는 사람들과 죽은 사람들, 그리고 산 사람들을 없는 데서 비난하지 말라. 죄 없는 사람들은 하나님의 보호를 받는 사람들이며, 모든 사람들에게 존경을 받아야 한다. 사람은 어떤 경우에도 남의 명예를 손상시켜서는 안 된다.

죽은 사람들은 산 자의 땅에 더 이상 존재하지 않는다. 그들은 이미 고통의 장소이든 평안의 장소이든 영원히 다른 세계로 떠난 사람들이므로 우리는 그들의 잘못을 기억할 필요가 없다. 세상 사람들에게 그들에 대하여 나쁘게 말하지 말라. 왜냐하면 그들은 더 이상 이 세상의 권세에 속하지도 않고 이 세상의 판단을 받을 필요가 없기 때문이다. 그리고 더욱 중요한 것은 우리는 그들이 우리와 함께 주님의 마지막 심판대 앞에 설 때에 어떤 종류의 벌을 받을지 혹은 상을 받을지 알지 못하기 때문이다.

우리와 함께 있지 않은 사람들은 우리가 자신들에 대하여 무슨 말을 하는지 듣지 못한다. 만약에 우리가 그들이 없는 자리에서 그들에 대하여 무엇이든 나쁘게 말한다 하더라도 그들은 우리에게 자신의 진실을 대답할 수도 변호할 수도 없다. 그러므로 이와 같이 현재 함께 있지 않아서 자신을 방어할 아무런 수단이 없는 사람들을 비난하고 고발하는 것은 불의하고 무자비한 행동이다. 그리고 나중에 그들이 이런 사실을 알게 되고 자신을 변호하여 아무 잘못이 없는 것으로 밝혀진다 해도 이미 그들의 명예는 상처 입었으며 고통을 당하였기 때문이다. 그리고 이러한 상처와 고통은 보상이 안 되는 경우가 대부분이다.

위와 같은 방법으로 남을 비난하는 것은 어둠 속에서 몰래 사람을 상해하는 아주 비겁하고 부도덕한 행동이다. 진정 용기 있는 사람이라면 차라리 자신의 적을 직접 대면하여 그의 생명과 명예를 지킬 수 있는 여지를 남겨주는 것을 선택할 것이다. 상대방의 면전에서 말하지 못하고 없는 자리에서 비밀리에 속삭이며 비난하는 것은 언제나 야비하고 비겁한 인간의 행동이라는 것을 알아야 하며, 이러한 행동은 반드시 하나님의 심판을 받는다는 사실도 알아야 한다. 그러므로 다른 사람에 대하여 어떤 비난도 하지 않도록 조심하여야 하며, 우리 주님의 계명을 지켜야 한다 : '너희가 무엇이든 남들이 너에게 해주기를 바라는 대로 그들에게 먼저 하라.' 죄 없는 자들과 죽은 자들과 함께 있지 않은 자들을 비난하지 않도록 조심하라."49)

4) 하루에 세 번 자신을 성찰하라

다음은 수산나의 묵상일기 중에서 우리에게 더 유익한 묵상기도의 제목이나 혹은 내용을 요약 선별하여 소개하려고 한다.

"하루에 세 번 자신을 성찰하라 : 이렇게 함으로써 작고 하찮은 일들이 너의 중심과 방향과 목적을 흐트러지지 말게 하라. 하루에 세 번은 지금 네가 어디서 무엇을 하며 어디로 가고 있는지를 분명히 알아야 한다. 자기를 돌아보는 일은 어렵거나 시

---

49) 같은 책, p.218.

간이 많이 걸리는 것이 아니다. 한번 잃어버린 기회는 다시 오지 않는다. 꼭 필요한 것을 생략하는 죄는 아주 위험한 것이다. 왜냐하면 그것은 곧 너의 인생의 모든 것들을 생략하는 결과를 낳게 되기 때문이다."

"아무리 세상일이 분주한 때라도 반드시 네 영혼이 쉬는 시간을 갖고 하나님의 위로하심과 평화를 구하라 : 하나님은 아무리 몸이 고단하고 영혼이 괴로운 사람에게도 반드시 쉼과 위로와 평온함을 주신다. 이것이 그분의 성품이기 때문이다."

"너에게 잘못한 사람들에게 선을 행하라 : 이것이 주님이 걸어가신 길이다. 이것은 너를 구원할 뿐만 아니라 너의 원수를 구원하는 유일한 길이다. 만일 네가 너의 원수에게 선을 행하는 것 대신 악을 행한다면 너와 네 원수가 함께 파멸할 것이다."

"너는 네 가족, 특별히 하나님이 너에게 맡기신 자녀들에게 선행의 본을 보여라 : 행동은 말보다 더욱 분명한 교육이다. 만일 네 자녀가 본보기가 없어서 마침내 멸망한다면 너도 영원한 불행의 위험에서 나오지 못할 것이다."

"양심의 평화를 소유하는 것이 불붙는 정열을 품는 것보다 복되다 : 양심의 평화보다 더 좋은 기쁨은 없다. 너의 양심이 하나님의 인정을 받고 위로를 느낄 때에 너의 영혼은 가장 안전하고 만족할 수 있다. 그리고 이러한 영혼의 즐거움에 비교할 수 있는 선물은 없다. 네가 이러한 양심의 평화를 가졌다면 너는 하나님께 복 받은 자이니 이 선물을 주신 분에게 감사하라."

"위대하시고 거룩하신 하나님 앞에서 너를 낮추라. 무의식중에라도 스스로 자신을 높이 세우려다가 오만한 태도와 오만한 언행을 보이지 말고 매사에 경솔하지 말라 : 너는 너 자신이 죄인임을 잊지 말고 위대하시고 거룩하신 하나님 앞에서 너 자신을 낮추어 언제나 겸손해야 한다. 그때에만 너는 하나님의 총애를 잃지 않을 것이다. 너의 생각과 말과 사소한 행동에서라도 결코 경솔하지 말라. 그러면 너는 하나님과 다른 사람들로부터 존경을 잃지 않을 것이다."

"고통 중에 있을 때에는 지옥과 천국을 생각하라 : 삶이 고달프고 몸이 고통스러울 때에는 현세의 고통은 잠시 동안이라는 것을 알라. 그리고 지옥의 영원한 고통을 생각하고 참아야 하며 하나님의 섭리와 뜻을 깊이 생각하라. 또한 영원한 평화의 나라 천국을 묵상하라. 그리고 그 나라의 기쁨을 바라보고 현세의 고통을 참고 이겨야 한다."

"타락한 감정, 판단력, 이성이란 은총에 의하여 회복되기 전에는 아주 위험하고 해로운 것이다."

"하나님의 뜻에 복종하는 것은 진정한 행복과 만족을 가져온다."

"용서는 분노보다 언제나 훨씬 더 좋은 결과를 가져온다."

"너의 혈기와 분노의 감정을 죽이라 : 이것이 너의 몸과 영혼을 건강하게 하는 보약이 된다. 만일 그렇지 않으면 혈기와 분노는 너의 몸과 영혼을 죽이든지 너로 하여

금 젖과 꿀이 흐르는 가나안 땅에 들어가지 못하게 한다."

"행복과 불행은 인생의 양 갈래 길에서 너의 선택에 달린 것이다 : 본래 행복한 사람으로 태어난 사람도, 불행한 사람으로 태어난 사람도 없다. 하나님은 모든 사람에게 행복과 불행의 두 길을 놓아 두셨다. 하나님은 모든 사람이 행복의 길을 선택하기를 바라신다. 하나님을 믿는 것은 바로 이 행복의 길을 선택하는 일이다. 누구든지 하나님의 사랑을 신뢰하고 행복하기 위해서 노력하면 행복을 얻게 된다. 그러므로 모든 사람은 행복을 선택하려면 믿음과 용기와 노력이 필요하다."

"너의 감정을 잘 다스리고 지켜내면 너는 해로운 유혹과 고통을 피하고 안전하고 옳고 견고한 길을 걸어갈 것이다."

"네 의견의 승리보다는 평화와 일치가 더 중요하다 : 다른 사람과의 대화에서 남을 이겨야 한다고만 생각하지 말라. 다른 사람과의 대화나 논쟁에서 가장 중요한 것은 언제나 평화와 선과 일치를 추구하는 것이다. 혹시라도 이것들을 무시하고 남의 의견을 꺾고 이기려고 하지 말라. 즉 네 의견의 승리를 위해서 정열과 편견과 급한 성격을 내보이지 말라. 언제나 평화를 만드는 자가 되라 하신 우리 주님의 복된 말씀을 기억하라."

"신실한 그리스도인에게 세상은 훌륭한 학교다 : 루카스는 세상은 신실한 그리스도인에게는 아주 훌륭한 학교와 같다고 말한다. 세상의 시련과 유혹들은 어떤 사람들에게는 오히려 더욱 많은 힘과 용기와 소망을 얻게 하고 마침내는 참되고 완전한 행복에로 나아가게 하는 것이다. 왜냐하면 세상의 시련과 고난과 유혹은 신실한 신자들을 가르치고 훈련하고 개선하는 데 아주 좋은 방편이 되기 때문이다."50)

10. 나는 중단할 수 없다 - 최초의 여성 설교가 수산나

수산나는 아주 강하고도 독립적인 성격을 가진 여성이었다. 수산나의 이러한 대담하고 강인한 성격은 남편 사무엘이 성직회의 대표로 런던에 가서 교회를 비웠을 때에 잘 나타났다. 당시 영국국교회는 왕명에 의해서 모이는 두 개의 중앙 성직회의가 있었다. 상원은 주교들로 이뤄진 것이며, 하원은 각 지방의 성직자 대표들로 이뤄졌다. 사무엘 웨슬리는 링컨 주 지방의 성직자 대표로 선출되어 하원의 지방 대표로 활동하였고, 총 세 번에 걸쳐서 이 성직회의 참석차 런던에 가서 교회를 비우게 되었다.

이 때 사무엘은 인만(Inman)이라는 부목사에게 교구를 맡기고 떠났는데, 이 부목사는 그 일에 적합지 않은 사람이었던 것 같다. 인만은 교인들에게 좋은 목사가 되지 못했다. 그는 주일마다 '사람은 남에게 진 빚을 반드시 갚아야 한다' 는 같은 주제를 가지고 설교하였다. 그것은 곧 교구 담임목사인 사무엘을 직접 비난하는 내용이었으므로 누구보다도 수산나가 가장 마음이 상하였다. 얼마 동안은 그 굴욕을 참아낼 수밖에 없었지만 수산나는 곧 계속해서 이런 불경스러운 설교를 듣는 것이 아주 해롭다는 사실을 깊이 인식하게 되었다. 게다

---

50) 같은 책, pp.233~327.

가 인만은 아침에 주일예배만 인도하고 저녁예배는 없애버리는 등 불성실한 목회를 계속하였다.

이윽고 수산나는 아이들과 하녀들을 이러한 상태에 그냥 내버려둘 수는 없다고 판단하고 곧 목사관 부엌에서 주일 저녁예배를 인도하기 시작하였다. 그 후 수산나의 부엌 예배에 참석하는 사람 수는 급격히 증가하였다. 하녀들이 자신들의 부모와 가족이 참여할 수 있도록 해달라고 수산나에게 요구하였으며, 매주일 저녁 약 50명씩 모이게 되었고, 1711년 1월 말에는 약 200명에서 300명까지 모였다고 한다. 물론 이 숫자는 그 부엌의 크기를 볼 때 다소 과장된 것이지만 목사관이 교인들로 꽉 찼던 것만은 분명하였다. 너무나 많은 수가 모이니 다수가 아예 들어가지 못하고 문간에 서 있거나 창문 밖에서 수산나의 설교를 들었던 것 같다.

수산나는 이 집회에서 영국국교회 리터지(예배서)의 기도를 읽고, 시편송을 부르고, 이어서 성경을 읽고 훌륭한 설교를 읽거나 성경 강해식 설교를 하였

수산나의 부엌 집회

다. 수산나는 남편의 서재에서 성경 주석과 그밖의 경건서들을 꺼내 읽으며 설교를 준비하여 교인들에게 아주 은혜로운 말씀을 들려주었으며, 듣는 사람들은 모두 만족하였다. 이와 같이 은혜롭고 따뜻하고 깊고도 섬세한 성경 해설은 이전에 어디서도 들어보지 못한 것이었다. 수산나는 아주 깊은 경건에 해박한 성경 지식과 기독교 지식, 탁월한 이성적 분별력, 그리고 확신에 찬 유창한 표현력, 여기에다 여성으로서의 부드러움과 섬세함을 겸비하여 아주 매력적인 예배와 설교를 만들어갔던 것이다. 더군다나 이 때에 수산나는 덴마크 선교사의 경건하고 헌신적인 생애에 관한 책을 읽고서 한참 영적으로 충만해 있었다. 사실 수산나가 아이들을 하나씩 영적 개인상담을 하게 된 것도 이 책을 읽고서 영감을 얻어 시작한 것이었다. 수산나는 이 집회를 인도하면서 자신은 물론 교인들도 신앙의 불이 타오르는 것을 경험하였다.

이처럼 사무엘의 부재로 인하여 수산나가 집회를 인도하게 된 주일 저녁예배는 전혀 생각지 못한 대단히 놀라운 결과를 낳고 있었다. 주일에 교회를 드문드문 나오던 가족들이 매주일 열심히 나오기 시작했고, 수년 동안 전혀 교회를 나오지 않던 사람들이 다시 교회를 나오게 된 것이다. 그리고 교인들의 예배에 임하는 태도가 아주 경건해졌으며, 주일뿐 아니라 일상생활에서 언행이 새롭게 변화하였다. 교회생활 전반에 걸쳐서 은혜가 충만하여 아주 새롭고도 생동감이 넘쳐났다. 수산나는 이 집회에 관하여 남편에게 쓴 편지에서 다음과 같이 전하였다.

"이 모임으로 인해서 교구민들의 우리에 대한 생각과 태도가 아주 놀랍게 개선되었습니다. 우리는 이제 교구민들과 아주 친밀하게 지내고 있습니다. 교회에 나오지 않던 가족들이 열심히 나오는 일들이 생기고 있습니다. 어떤 가족은 7년 동안이나 교회에 발길을 끊었다가 다시 꾸준히 나오고 있습니다."51)

수산나는 남편에게 이러한 집회를 여는 것이 자신이 교구민들을 가까이 만나고 전도하고 또 그들의 영혼을 치료해주는 아주 복된 기회이며, 자신은 이 일을 잘 해내고 있다고 자랑스럽게 설명했다. 그러나 사무엘은 아내의 편지에 이어 부목사의 편지도 받았는데, 부목사는 수산나의 저녁예배 인도에 대해 분노에 가득 찬 어조로 악평하고 비난하였다. 부목사 인만은 수산나의 집회가 불법이라고 비난할 뿐만 아니라, 교인들이 자신이 인도하는 주일 아침예배보다도 수산나의 저녁예배에 더 많이 모인다고 불평하였다. 이때 부목사에게 동조하여 함께 수산나를 악평하고 항의하는 두세 가정이 생겨났다.

사무엘 목사는 아내의 편지와 부목사의 편지를 받고 몹시 당황하였다. 왜냐하면 그 당시 영국국교회의 상식으로는 여자나 성직 안수를 받지 않은 사람이 예배를 인도하는 것과 공중 앞에서 설교를 한다는 것은 사실상 법적으로 금지된 것이었으며, 이러한 전례를 본 적이 없었기 때문이다. 더군다나 사무엘은 수산나의 집회가 비국교도의 불법적인 분리주의 집회로 오해받을 가능성이 높다는 생각에서 더욱 걱정이 되었다. 또한 이것은 교회 안에서가 아니라 교회 밖에서 하는 집회이기 때문에 불법이기도 하고, 이것이 계속 발전되면 교회 안에서 하는 주일 공식예배가 사라질 위험도 있다는 생각에서 두려운 마음이 들었다. 그래서 사무엘은 수산나에게 주일 저녁집회를 즉시 중단하라고 말했다.

---

51) Charles Wallace, 같은 책, p.14.

그러나 수산나는 그렇게 할 수 없다고 하면서 이 집회의 효과와 긍정적인 결과에 대하여 다시 편지하였다.

"당신이 부목사의 말을 듣고서 우리 교구민 대부분이 이 집회를 반대하고 있으며, 분리주의적인 불법집회라고 생각하는 것에 나는 동의할 수가 없습니다. 교구민 대부분이 아니라 두세 사람이 반대하고 있으며, 부목사와 휘틀리라는 사람이 주동자입니다. 그렇지만 여기는 아주 조용하고 평화로울 뿐만 아니라 아무도 나에게 직접적으로 반대하는 말을 하지 않습니다. 오히려 하나님의 특별한 축복으로 인해서 우리들의 저녁예배는 교인들을 위해서 너무 좋은 일을 많이 하고 있습니다. 우리 교회의 역사상 이렇게 짧은 시간에 이렇게 많은 교인들이 늘어나기는 처음 있는 일입니다. 당신이 계실 때에 주일 저녁예배에 평균 20~30명 정도 모이지 않았습니까? 그렇지만 지금은 약 200~300명까지 모이고 있으며, 인만이 인도하는 주일 아침예배보다도 훨씬 더 많이 모이는 집회가 되었습니다."[52]

수산나는 자신에 대한 모든 공격에 대하여 확신과 이성적 태도를 가지고 자신을 방어하고, 이것이 하나님의 뜻에 전적으로 맞는 일이요 교회를 위하여 유익한 일이요 전혀 해로운 일이 아니라고 차분하고도 강하게 변호하였다. 그러면서 남편에게 하나님 앞에서 이 집회에 대하여 바른 판단을 하고 확고하고 긍정적인 결단을 내리라고 충고하였다.

---

52) 같은 책, pp.81~82.

"당신이 계속해서 이 집회를 포기하라고 말한다면 나는 그것이 어떤 결과를 가져오리라고 말할 필요도 없습니다. 그렇게 되면 분명히 교인들이 인만에 대하여 아주 좋지 않게 생각하여 더 어려운 문제가 발생할 것입니다. 나는 이제 교인들을 교회의 주일예배에 잘 나가도록 인도할 것입니다만, 만약에 나의 저녁집회를 그만두라 하면 교인들 대부분, 특히 먼 곳에서 나오는 교인들은 다시는 인만이 인도하는 예배에도 나오지 않을 것입니다. 그러나 이 집회가 당신이 돌아올 때까지 계속되게 한다면 교인들은 마음이 좋아져서 다시 인만을 존경하고 주일예배에 잘 나오게 될 것입니다. 설령 당신이 이 집회를 진정 포기하는 것이 옳다고 결정하더라도 나에게는 그것을 말하지 마십시오. 왜냐하면 그것은 나의 양심을 괴롭히는 것이며, 나로 하여금 하나님이 기뻐하시는 선을 포기하는 죄를 짓고 그것에 대하여 벌을 받게 하기 때문입니다. 그리고 마침내는 나나 당신이나 주 예수 그리스도의 엄위하신 심판대 앞에서 그 책임을 면치 못할 것입니다."53)

수산나는 자신의 집회를 결코 멈출 수 없다는 단호한 의지를 가지고 담대하게 저녁예배 인도를 계속하였다. 수산나는 여러 가지 자신의 집회 인도에 관하여 정당한 이유를 들어가며 변호하였지만 이제 마지막으로 여자가 공중예배에서 기도하거나 설교하는 것에 대한 정당한 이유를 말해야 했다. 수산나는 이 문제에 있어서도 결코 위축되지 않았다. 수산나는 사회적으로 철저히 상식화되고 교회법으로도 일체 금지된 시대의 여성이었지만, 시대와 문화와 인간과 사회의 인습에 복종하지 않고, 오히려 하나님의 뜻과 질서에 복종하고 있었다.

---

53) 같은 책, p.83.

그녀는 하나님의 영광을 위하여 말하는 것은 가족 기도회에서 하는 것이든 온 세상 사람에게 하는 것이든지 전혀 부끄러운 일이 아니며, 여자이기 때문에 하나님의 기도와 말씀을 전하는 것이 부당하다는 생각은 하나님의 일을 먼저 생각하지 않는 것이므로 동의할 수 없다고 말했다. 사무엘은 그 집회에서 기도와 설교를 남자가 읽도록 하라고 요청했으나, 수산나는 사무엘에게 사실 지난 주일에는 기도를 읽기 전에 교인들에게 그냥 흩어지라고 말했더니 아무도 가려고 하지 않았으며 나 또한 그들의 간청을 거절할 수가 없었다고 말했다. 또한 그녀는 모인 교인 중에는 기도와 설교를 한 줄이라도 틀리지 않고 읽을 줄 아는 남자가 하나도 없다고 말했다.

수산나와 사무엘이 편지를 주고받는 중에 시간이 흘러 사무엘이 돌아왔으므로, 수산나의 집회는 중단되고 교회 안에서 저녁예배를 계속하게 되었다. 그러나 수산나의 부엌에서 일어난 저녁집회의 효과는 아주 좋았고 오랫동안 지속되었다. 목사와 교인들 사이의 서먹서먹한 관계는 완전히 사라졌고, 교인들은 목사와 목사의 가족을 더욱 존경하고 친밀하게 대하였다. 이후로 사무엘의 목회는 오랜 가뭄 후에 단비를 맞은 밭과 같이 행복한 것이 되었다. 더욱이 이 집회는 엡윗 교구교회에 성령의 바람이 불게 하여 은혜가 충만한 분위기로 변하게 하는 위대한 영향을 끼쳤다.

수산나는 영국교회 여성으로서는 역사상 처음으로 주일 공중예배를 인도하고 설교를 감행한 여성 설교자요 평신도 설교자가 된 것이다. 이로써 수산나는 메도디스트 부흥운동의 선구자적인 역할을 하였다고 볼 수 있다. 왜냐하면 18세기 메도디스트 부흥운동은 남녀평신도 지도자들이 공중예배와 공중기도회를 인도하고 설교하는 평신도 중심의 복음전도 운동이었기 때문이다. 메도디스트 설교자들과 속장들 중에 남자들과 대등하거나 더 우수한 여성 설교자들과 여성 속장들이 많았던 것은 잘 알려진 사실이다. 수산나는 사실상 평신도로서 또한 여성으로서 공중예배를 인도하고 설교한 첫 메도디스트로 기억되어야 할 것이다.

11. 메도디스트 부흥운동의 지원자 수산나

수산나는 두 아들의 메도디스트 부흥운동에 대하여 가장 적극적인 지원자가 되었다. 수산나는 두 아들의 부흥운동을 위하여 어떤 역할을 하였을까? 단지 메도디스트 부흥운동의 창시자인 두 아들을 훌륭하게 교육시킨 어머니라는 것만이 위대한 공로인가, 아니면 수산나의 직접적인 어떤 역할이 있었는가? 물론 수산나가 부흥운동에 직접 참여한 일은 없다. 그러나 그녀는 간접적으로 두 아들의 메도디스트 운동에 아주 중요하고도 긍정적인 역할을 하였다.

1) 신성회(Holy Club)

존 웨슬리는 옥스퍼드의 링컨 대학에서 모이는 신성회(Holy Club)에 대하여 어머니에게 편지를 통하여 자세히 설명하였다.

파운더리 예배당. 이곳은 수산나의 생애 최후의 안식처였다.

수산나는 이 편지를 읽고서 그 모임에 대하여 전적으로 찬성하고 마음과 기도로 지원한다고 말하면서 아들을 격려하였다. 그리고 아들은 어머니의 격려 편지를 받고 매우 기뻐하였으며, 더욱 용기를 얻었다.

"나는 하나님의 영광을 위하여 모든 경건과 선행을 실천하는 너희들의 작은 모임에 마음 깊이 참여하고 싶구나. …… 네가 이러한 일을 계속해 나가고 또 이러한 일을 통해서 성장하기를 바란다. 비록 내가 몸으로는 멀리 있으나 마음으로는 너희들과 함께 있으며, 매일 너희들을 위하여 하나님께 부탁하며 기도한다."54)

2) 두 아들의 회심과 부흥운동에 관하여

수산나의 생애의 마지막 5년간(1738~1742)은 두 아들의 메도디스트 부흥운동이 막 일어나던 시기였으며, 자연히 수산나는 아들들의 새로운 기독교 운동에 대한 여러 가지 사건과 논쟁을 옆에서 지켜보게 되었다. 수산나는 처음에 두 아들이 회심을 체험하였다는 사실과 아들이 가르치는 확신의 신앙에 대하여 그 의미를 이해하지도 못하였고, 받아들일 수도 없었다. 왜냐하면 그녀는 전혀 다른 전통에서 살았기 때문이다. 그녀는 두 아들이 이러다가 국교회로부터 분리되어 나가는 것이 아닌가 하는 생각에 몹시 당황하고 있었다. 이 때 수산나는 조지 휫필드의 방문을 받았다. 수산나는 휫필드에게 두 아들이 모 교회를 떠나려고 하는 건 아닌지 걱정스럽게 물었다. 휫필드는 그렇지 않다고 말하

---

54) Wallace, 같은 책, p.231.

면서 수산나를 진정시키려고 많은 애를 썼지만, 수산나는 이야기를 다 듣고 난 후에 조지 휫필드 역시 같은 길을 가고 있다는 사실을 알아채고 더욱 더 걱정하였다. 휫필드가 떠나려고 하자 수산나는 즉시 무릎을 꿇고서 "주여, 내 아들들에게 비둘기의 순결함과 뱀의 지혜를 더해 주소서"라고 기도하였다.

수산나는 처음에 아들들의 변화에 대하여 과장되고 왜곡된 보고를 들었으며, 또 두 동생의 행동을 몹시 싫어하고 반대했던 장남 사무엘의 부흥운동에 대한 비판적 태도에 영향을 받았던 것이다. 1738년과 1739년 부흥운동이 발발하던 처음 몇 달 동안 수산나는 두 아들을 만나지도 못했으며, 부흥운동이 불꽃처럼 번져나가는 것도 알지 못하고 있었다. 그러나 수산나는 곧 두 아들을 만나서 대화하였으며, 이윽고 회심의 체험과 확신의 신앙, 그리고 부흥운동이 성경적이요 참된 기독교라는 사실을 깨닫게 되었으며, 1739년 8월에 사위 웨스틀리 홀(W. Hall) 목사에게서 성만찬을 받던 중에 죄용서와 구원의 확신을 체험하였다. 수산나가 성령의 역사를 체험하였던 것이다. 이것은 분명 두 아들의 영향이라고 볼 수 있다. 이제 수산나는 두 아들의 변화와 부흥운동을 전적인 성령의 역사이며 하나님의 위대한 섭리로 받아들이게 되었으며, 부흥운동을 위하여 열심히 기도하면서 아들들을 어떻게 도울 수 있는지 그 방법을 찾기 시작하였다. 그러나 수산나는 아직도 마음이 편하지 못했다. 왜냐하면 이 문제로 인해서 두 아들과 장남 사이에 분열과 불화가 생겨나고 있었기 때문이다.

웨슬리 가족 중에서 영국의 고교회(High Church) 정신이 가장 강했던 장남 사무엘의 태도는 더욱 악화되어 갔다. 사무엘은 어머니마저 두 동생의 노선을 따르고 있다는 사실을 알고서는 더욱 분노에 찬 어조로 이들의 변화와 부흥운동의 발발에 대하여 비판하였다. 사무엘은 편지에서 어머니에게 다음과 같이 말했다.

"어머니, 존과 찰스는 지금 너무나 악명 높은 사람이 되어 버렸습니다. 온 세상이 그들을 호기심에 찬 눈으로 바라보고 있지요. 도대체 그들이 언제 어디서 태어났는지, 어떤 학교를 다녔는지, 무슨 학위를 받았는지, 어디서 누구에게 성직 안수를 받았는지, 무슨 책을 써냈는지 알고 싶어 합니다. 나는 두 동생에 대하여 떠도는 소문이 사실이 아니기를 바랍니다. 나는 그들이 무어필드 마당에서 노방전도를 했다는 것을 믿기보다는 차라리 그들이 밀짚 한 개를 가지고 집채만한 벽을 들어 올렸다고 믿고 싶습니다. 그런데 요즘 나는 어머니마저 똑같은 데 현혹되어 존의 추종자가 되었다는 괴상한 소문을 듣고 슬픔을 견딜 수가 없습니다. 두 동생을 잃어버린 것도 모자라서 어머니마저 그들을 따라가야 하는 것입니까? 나는 어머니가 인생을 정리하는 마지막 단계에 와서 제발 분리주의자들에 합세하는 비극을 피하시기를 기도합니다. 만일 그렇지 않으면 당신은 거센 저항을 받을 것이며, 그렇게 될 때에 당신의 인격을 지키기 어려울 것입니다. 동생들은 벌써 어머니가 자신들의 제자가 된 것을 자랑스럽게 여기고 있으니 정말로 슬픕니다. 하나님께서 당신이 그 길에서 떠나게 하시기를……."55)

어머니는 맏아들의 이런 편지를 받고 아들들의 신앙 노선의 다름이 심각한 불화로 치닫는 것을 보고서 더욱 마음이 아팠다. 만약에 맏아들 사무엘이 계속 이렇게 동생들과 불화하고 어머니를 설득하려고 노력하였다면 수산나의 마음

---

55) Wallace, 같은 책, p.241.

이 어떻게 움직여 나갈지 모르는 일이었다. 왜냐하면 수산나는 언제나 사무엘과 가장 친하였고, 가장 많은 대화를 하였고, 사무엘의 의견을 가장 존중하였기 때문이다. 그것은 사무엘이 맏아들이기도 하였으며, 부모의 심정을 가장 깊이 헤아리고 잘 돕는 효자이며, 동생들을 잘 돌보는 좋은 맏형이었기 때문이다.

그런데 사무엘이 1739년 11월에 갑자기 세상을 떠나고 말았다. 바로 4년 전에 남편을 떠나보내고 맏아들까지 잃은 수산나의 슬픔은 형언할 길이 없을 정도였다. 이제 사무엘은 동생들이 국교회로부터 더 멀리 나가는 것을 보지 않고, 또 동생들과 더 이상 불화하지도 않고, 어머니가 두 동생들을 지원하는 것을 막지 않아도 되었다. 그리고 어머니도 세 아들들이 더 이상 불화하고 갈라지는 모습을 보지 않게 되었다. 어떤 웨슬리 학자들은 이 때 사무엘의 죽음은 하나님의 섭리였다고 생각하기까지 했다. 왜냐하면 사무엘이 계속 부흥운동을 저지하고 동생들과 어머니를 설득하려고 했다면 부흥운동은 아주 다른 방향으로 나갈 수도 있었기 때문이었다. 어머니는 이제 아무런 방해를 받지 않고 확신을 가지고 두 아들을 지원하게 되었다. 수산나는 생애의 마지막 5년간을 두 아들의 부흥운동을 도우며 자랑스럽고도 평화롭게 보냈다. 수산나는 메도디스트 부흥운동을 돕는 일에 감사와 기쁨 중에 자신의 마지막 남은 힘을 다 바쳤다. 그녀는 엡윗 목사관에서는 아들들을 가르쳤으나, 이제는 두 아들의 가는 길을 위해서 기도하며 조언하며 격려하면서 두 아들을 따르고 있었다.

3) 평신도 설교자와 여성 설교자 임명을 격려하는 수산나

수산나는 파운더리에서 두 아들의 목회를 가까이 지켜보고 있었다. 존과 찰스는 자신들이 멀리 전도를 나가서 자리를 비울 때면 토머스 막스필드라는 평신도에게 신도회를 맡기고 떠났다. 그런데 한번은 그가 신도회 모임에서 설교를 하였다. 이것은 결코 가벼운 문제가 아니었다. 당시 영국국교회에서는 평신도 설교가 엄격히 금지되어 있었으며, 전례가 없는 일이었다. 존 웨슬리는 이 소식을 듣고 런던으로 급히 돌아와서 어머니에게 신도회에 무슨 일이 있었는지를 물었다. 어머니는 막스필드가 스스로 설교자가 되었다고 본 대로 말하였다. 존은 당황하였으며, 이 문제를 어떻게 해야 할지 몰랐다. 그러잖아도 메도디스트 운동이 여러 가지 의심과 불평과 비난을 받고 있는 터에 메도디스트 신도회에서는 평신도가 설교를 한다는 사실이 세상에 알려지면 그것이야말로 메도디스트들이 영국국교회의 법과 규칙을 의도적으로 위반한 분리주의자들로 인정될 것이기 때문이었다. 존이 이 문제에 대하여 어머니의 의견을 구하자 수산나는 다음과 같이 대답하였다.

"존, 너는 이 일에 대한 내 생각이 어떠한지 알 것이다. 그리고 내가 이미 이와 같은 일을 찬성하고 있다는 것도 잘 알고 있을 것이다. 너는 그 젊은 사람을 존경심을 가지고 조심스럽게 대하여야 한다. 왜냐하면 그도 너와 마찬가지로 하나님께 설교의 소명을 받은 것이 확실하기 때문이다. 그리고 그의 설교가 어떠한 열매를 맺는지를 잘 검토해보고 너도 그의 설교를 들어보아야 한다."[56]

수산나는 엡윗 목사관의 부엌에서 주일 저녁예배를 인도하며 설교한 경험

---

56) Stevenson, 같은 책, p. 256.

이 있는 평신도 설교의 선구자로서 막스필드를 잘 이해하고 있었다. 존은 어머니의 말이 옳다는 생각을 하였으며, 어머니의 조언을 받아들여 막스필드의 설교를 경청해 보았다. 그의 설교는 만족스러운 수준이었다. 존은 "주님은 그에게 선한 일을 하시는도다. 내가 무엇이관대 하나님이 하시는 일을 막으리요?"라고 말했다. 이렇게 해서 메도디스트 신도회에 최초의 평신도 설교자가 태어난 것이다. 존 자신도 이미 교회 밖의 야외설교 활동에 헌신한 사람으로서 평신도 설교를 더 적극적으로 생각하게 되었을 것이다. 그러나 메도디스트 신도회에서 평신도 설교자의 탄생에는 수산나의 판단과 지지가 가장 중요한 동기가 되었다. 아마도 메도디스트 부흥운동에 평신도 설교자가 없었다면 그 운동은 결코 성공할 수 없었을 것이다. 이후로 존은 평신도 설교자를 더욱 적극적으로 양성하여 전도운동에 활용하여 부흥운동을 전개해 나갔다. 수산나가 존에게 평신도 설교자의 필요성과 중요성을 일깨워주고 격려하였다는 것은 메도디스트 부흥운동에 남긴 결코 작지 않은 공헌이었다.

수산나는 또 메도디스트 신도회에 여성 설교자를 임명하는 데에도 큰 공헌을 하였다. 파운더리에서 수산나는 여성으로서 엡웟에서 한 것처럼 여성 신도들을 가르치고 지도하며 상담하고 있었는데, 존은 어머니가 여성으로서 가장 좋은 역할을 하는 것으로 보고 곧이어 여성 설교자들을 임명할 뿐만 아니라, 메도디스트 속회와 반회에 여성 속장과 여성 반장을 적극적으로 임명하여 활용하였다. 존 웨슬리는 영국교회사에서 평신도와 여성 설교자를 임명한 최초의 개혁가로 기록되었다. 수산나의 영향은 영국에서 평신도와 여성이 설교하고, 예배를 인도하고, 소그룹 집회의 지도자로 임명되는 길을 열어주었고 부흥운동이 발전하고 교회가 개혁되는 위대한 변화를 가져왔다.

12. 수산나의 말년과 자녀들의 효도

노년의 수산나

수산나는 1735년에 남편 사무엘 목사를 떠나보내고 65세에 과부가 되었다. 이때 수산나는 이미 늙고 몸이 몹시 쇠약해진 상태에 있었다. 수산나의 건강은 늘 좋지 않은 것으로 전해진다. 건강이 좋지 않았던 가장 큰 요인은 아마도 잦은 출산이라고 생각된다. 그녀는 쌍둥이를 두 번 낳은 것을 포함해서 합해서 19자녀를 출산했는데, 이 중에 9명은 어려서 죽었고 10명만 장성해서 30세 이상까지 살았다. 그러고 보니 수산나는 21세에 첫 아이를 낳기 시작해서 40세에 막내 아이를 낳았으니, 매년 1회 출산한 셈이 되고 약 20년 동안 항상 임신중이었다. 아이를 잉태하고 출산하고 많은 자녀를 양육하느라 수산나의 건강은 많이 상했으며, 더군다나 그녀는 가난과 빚에 쪼들려 몸도 힘들고 마음고생도 많이 해야만 했다. 그래서 남편 사무엘이 "내 아내는 일 년 중 반은 병을 앓으면서 산다"고 말한 적도 있다. 수산나는 남편이 죽자 슬픔과 상실감과 고독감이 겹쳐서 더욱 심신이 쇠약해졌다.

수산나는 영국 북쪽 지방 링컨 주의 두 교구 사우스옴스비와 엡웟에 온 후로 약 50년 동안 한 번도 이 지역 밖으로 여행해본 적이 없었다. 수산나는 남편이 세상을 떠나자마자 엡웟 목사관을 후임자에게 비워주고, 어디든지 가서 살 곳을 찾아야 했다. 수산나는 그녀의 일생을 보낸 이곳을 떠난다는 것이 너무나 슬펐다. 어디로 가야 할지 고민하던 수산나는 가까운 링컨 주 게인즈버러의 한 학교에서 교편을 잡고 있는 딸 에밀리아(19자녀 중 셋째)의 집에 가서 잠시 동안 함께 살았다. 그리고 곧 1736년 9월까지는 런던 가까운 지방에 있는 티버튼 그래머 스쿨 교장선생으로 있는 맏아들 사무엘(19자녀 중 첫째)의 집으로 가서 1년 동안 함께 살았다. 수산나는 맏아들과 마음씨 착한 며느리와 손녀와 함께 평화롭고 즐거운 날들을 지냈으며, 사돈 부인과도 잘 사귀었다. 그 이후로는 딸 마르타와 사위 웨스틀리 홀(영국국교회 목사)과 함께 잠시 동안 살았다. 홀 목사는 성품이 거칠고 아내를 많이 괴롭힌 사람으로 알려졌지만 수산나는 사위와 딸이 자신에게 정성을 다해 잘 돌보아주었다고 전하고 있다. 그러나 수산나는 곧 그들을 떠나 다시 맏아들 사무엘의 집으로 가서 1739년 초 겨울을 나기까지 함께 지내게 된다.

그러다가 수산나는 큰아들 사무엘이 갑자기 죽는 슬픔을 겪어야만 했다. 수산나는 사무엘의 건강이 아주 좋아진 것을 보고 안심하였는데, 그는 1739년 10월 49세의 젊은 나이에 갑자기 세상을 떠난 것이다. 큰 아들을 잃은 수산나는 한동안 마음을 가누지 못하고 슬퍼하였다. 수산나는 가정에 무슨 일이 생기거나 어려운 일이 있으면 언제나 큰아들에게 얘기하고 의논하곤 하였다. 사무엘은 수산나의 가슴속에 가장 큰 자리를 차지하던 아들이요, 언제나 마음으로 의지하던 믿음직한 아들이요, 아버지의 마음을 가장 잘 이해하며, 아버지가 죽은 후 남겨 놓은 빚도 다 갚아주고 이후 어머니의 생활비를 담당하는 등 부모를 사랑하고 책임지는 자랑스런 효자였다. 또한 그는 여동생 케지아를 데리고 함께 살기도 하고 존의 학비를 돕기도 하고, 찰스가 웨스트민스터 스쿨에 다닐 때에 그의 학비를 담당하고 공부를 지도해 주었다. 사무엘은 동생들에게 제2의 아버지와 같았다. 왜냐하면 그는 장남으로서의 책임을 다하다가 아버지가 죽은 후부터는 가장 역할을 너무나 잘 감당하였기 때문이다. 수산나는 장남이 죽은 후에 존에게 이렇게 편지하였다.

"네 형은 세상에 사는 동안 나에게 가장 귀중하고 사랑하는 아들이었다. 나는 그가 세상에 없으면 나 또한 세상에서 살 수 없을 것이라고 생각했었다. 사람이 막상 어떤 환난을 당하면 견딜 수 있는지 없는지 알 수 없는 일이다. 내 사랑하는 아들이 하나님의 구원을 얻어 천국에서 쉬고 있다는 믿음을 가지고 있기 때문에 나는 이 슬픔을 억누르고 있다. 그는 이제 안식하고 있으며, 다시 세상을 얻으려고 돌아오지 않을 것이다.

사무엘의 죽음으로 내 생활이 어려워지리라는 것은 당연하다. 왜냐하면 그가 규칙적으로 보내주던 생활비를 이제는 더 이상 받을 수가 없기 때문이다. 그러나 이것도 참고 이겨낼 수 있다. 왜냐하면 그가 떠난 후 하나님께서 당신을 더 깊이 의지하는 마음을 내게 주셨기 때문이다. 내 손이 지쳐서 더 이상 쓸 수가 없구나. 나는 요즘 40일 동안이나 아래층에 내려가 보지를 못했다."[57]

자녀들은 정성을 다해 어머니를 잘 모셨다. 특히 어머니보다 먼저 세상을 떠난 맏아들 사무엘은 뛰어난 효자였다. 그는 어머니를 편안히 잘 모시려고 모든 노력을 다했다. 물론 딸들도 큰아들 못지않은 효녀들이었다. 그러나 수산나가 아직 마음 편히 정착하고 쉴만한 안식처를 찾지 못하고 있었을 때에, 아들 존(열다섯 번째)이 어머니께 마지막 안식처를 제공하게 되었다. 이 당시 존은

---

57) Stevenson, 같은 책, p.218.

런던시의 북부 무어필드와 윈드밀 근처에 폐허가 된 대포를 만드는 무기 공장(Foundery)을 사서 수리하여 메도디스트 전도운동의 런던본부로 사용하기에 이르렀다. 존은 이 집을 파운더리 예배당(Foundery Chapel)이라고 불렀으며, 이 집 안에 예배당, 평신도 설교자들을 위한 숙소, 마차와 마구간, 속회가 모이는 방들을 만들었으며, 여기에다 어머니가 편안히 지내실 수 있는 방을 만들어 드리고 자신의 숙소를 어머니 방 곁에 붙여 지었다. 이제 수산나는 생애 마지막을 평화롭게 지낼 안식처를 찾은 셈이다. 수산나는 매우 기뻐했으며, 존도 어머니를 잘 모시게 된 것을 무엇보다도 큰 보람으로 생각했다. 그리고 그곳은 다른 자녀들, 즉 딸 마르타(열일곱 번째), 헤티(여덟 번째), 안(열네 번째), 케지아(열아홉 번째)가 가까이 살아 언제라도 만날 수 있어서 더욱 마음이 놓이는 곳이었다. 본래 런던에서 태어나 자란 수산나는 약 50년 만에 다시 고향에 돌아온 셈이다. 실제로 헤티와 마르타는 메도디스트 신도회에 정기적으로 참여하여 존의 부흥운동을 도왔으며, 헤티는 죽는 날까지 메도디스트 운동에 헌신하였다.

무엇보다도 수산나가 이곳에서 지내는 것을 하나님의 특별한 은혜로 생각한 것은 아들 존과 함께 지낼 수 있고 두 아들을 통해서 일어나는 위대한 부흥운동을 현장에서 직접 바라볼 수 있기 때문이었다. 그녀는 국교회의 침착하고 조용한 예배와는 아주 다른 파운더리 메도디스트들의 생동감이 넘치는 기도회, 열정적인 야외설교, 열정적인 즉흥기도, 영감에 충만한 찬송, 마음 뜨거운 성도의 교제를 새롭게 경험하면서 잘 적응해갔다. 수산나는 이곳에서 아들들을 위해서 어머니로서의 뜨거운 사랑을 품고서 기도하였으며, 메도디스트 부흥운동이 하나님의 섭리와 능력 안에서 발전하기를 위해서 누구보다도 가장 많이 기도하였다. 그리고 1740년부터는 이곳에서 딸 에밀리아와 함께 지내게 되었는데, 이것이 수산나에게는 커다란 위안이 되었다. 에밀리아는 불행한 결혼생활을 피하여 이곳에서 여생을 존과 함께 지내면서 메도디스트 부흥운동에 헌신적으로 일하다가 소천하였다. 1741년 3월에 수산나는 또 하나의 큰 슬픔을 당하였다. 열아홉 자녀 중에 막내인 케지아가 불과 32살에 세상을 떠나고 말았다. 케지아는 태어날 때부터 병약하였으며, 거짓된 사랑에 속아 늘 고통스런 삶을 살다가 벡슬리의 어느 목사의 집에서 신세를 지고 있었다. 수산나는 케지아의 죽음에 그만 가슴이 찢어지는 듯한 아픔을 느꼈다.

그러나 수산나는 곧 장남과 케지아를 잃어버린 슬픔을 떨어버리고서 두 아들의 목회를 후원하는 생애의 마지막 사역을 통해 메도디스트 부흥운동의 발전에 헌신하였다. 그리고 두 아들을 열심히 돕는 메도디즘의 어머니로서의 역할을 하고 있었다. 수산나는 두 아들이 하는 일들을 보고서 많이 배우고 행복했으며, 동시에 두 아들은 어머니로부터 많이 배우면서 부흥운동을 이끌어 나갔다.

수산나는 파운더리에 살면서 부흥운동의 거룩한 첫 불길이 타오르는 기적을 바라본 첫 번째 증인이었다. 그녀는 두 아들을 위로하며 격려하며 조언하였을 뿐 아니라, 이곳에 모이는 가난한 사람들을 돌보며 가르치는 일을 하면서 엡웟의 목회를 이어나갔다. 수산나는 두 아들의 목회를 도우며, 생애에 있어 가장 보람 있고 행복한 날들을 보냈다. 수산나는 파운더리에 모이는 여자 교인들을 맡아서 가르치며 상담도 하고, 그곳 메도디스트들의 어머니가 되었으며, 교인들도 수산나를 사랑하고 존경하였다. 존 웨슬리도 홀로 되신 어머니를 가장 편안한 곳에 모시고 살면서 어머니의 기도와 격려 속에 일할 수 있어서 행복해 하였다.

수산나는 이곳에서 약 3년간 살다가 하늘나라로 마지막 여행을 하였다. 수산나는 생애 마지막까지 아들들의 영적 지도자로 살았던 것이다. 수산나는 생애 끝까지 세상에서 가장 훌륭한 어머니였으며, 아들들은 어머니를 행복하게 모시고 살면서 행복하게 해드리는 효자들이었다.

13. 수산나의 자녀들

수산나와 사무엘은 열아홉 명의 자녀를 낳았다. 그들은 쌍둥이를 두 번 낳았으므로 수산나는 일생 열일곱 번이나 잉태하고 열일곱 번 출산을 한 셈이다. 열아홉 중에 아홉은 어려서 일찍 죽고 열 자녀만이 장성하였으며, 최단명한 사람은 막내 케지아로 32세에 죽었고, 최장수한 사람은 열다섯 번째 존 웨슬리로서 88세까지 살았고 찰스 웨슬리가 80세를 살았다. 장성한 아들들은 모두 셋뿐인데, 장남 사무엘이 49세로 가장 일찍 죽었으며, 일곱 딸들 중에는 케지아가 가장 단명했고, 일곱째 메리가 38세에 죽었으며, 여덟째 헤티가 53세에 죽었다. 안이 죽은 연도는 알려지지 않았고, 에밀리아가 79세, 수산나가 69세, 마르타가 85세까지 장수하였다.

열아홉 중에 열 명만이 장성하기까지 살 수 있었던 것이 의학이 발달되지 않았던 당시로서는 보통이었다고 볼 수 있으며, 그래도 장성한 자녀들은 비교적 장수하였다고 보아야 한다. 사무엘과 수산나가 똑같이 73세까지 산 것을 보면 웨슬리 가족은 그래도 장수 가족이라고 볼 수 있다. 그리고 다른 자녀들에 비해서 존 웨슬리와 찰스 웨슬리가 그만큼 건강하게 장수한 것은 하나님의 특별한 섭리였다는 생각이 든다. 만약에 이 두 형제가 다른 자녀들처럼 50대 이전에 일찍 죽었다면 메도디스트 운동은 그만큼 약하게 일어났든지 실패했을지도 모르는 일이지만, 그들은 장수하면서 자신들의 사명을 다 마치고 간 분들이라고 생각된다.

14. 언제나 든든한 나의 아들 사미!

1) 뛰어난 효자 장남 사무엘

사무엘은 1690년 첫 번째 낳은 아이로서 언제나 수산나의 마음속에 첫 번째 자리를 차지하는 아들이었다. 그는 다섯 살이 되기까지 말을 하지 않아서 부모는 이 아이가 벙어리가 되는 줄 알고 큰 걱정을 하였다. 사무엘이 다섯 살이 되어서야 말을 시작했기 때문에 수산나는 이후 모든 아이들의 교육을 다섯 살부터 시키게 되었다. 수

장남 사무엘

산나는 사무엘을 위하여 존 홀란드라는 가정교사를 1년 동안 두어 가르치게 하였다. 사무엘은 어려서부터 시와 고전에 깊은 관심과 능력이 있어서 아버지는 고전 공부를 그에게 많이 시켰으며, 고전연구로 유명한 학교에 보내기로 결심하고 기도하였다. 사무엘은 아버지의 주선으로 1704년 14살 되는 해에 당시 런던의 최고명문인 웨스트민스터 스쿨(Westminster School)에 왕실 장학생으로 입학하는 특권을 얻었다. 이 학교는 런던 중심부에 있는 영국 최고의 명문 학

교로 런던의 가장 우수한 학생들이 옥스퍼드에 가기 위해서 들어갔으며 우리나라의 중·고등학교와 같다.

그는 웨스트민스터를 마치자마자 곧 1711년 21세에 옥스퍼드 크라이스트처치대학에 장학생으로 입학하였다. 그리고 비교적 짧은 기간에 문학석사 학위를 마치고 모교인 웨스트민스터 스쿨의 교사가 되어 그 후 20년 동안 가르쳤다. 그리고 그는 곧 성직자의 길을 준비하였으며, 웨스트민스터의 교장이자 로체스터 주교인 아터베리에게 성직 안수를 받았다. 그러나 사무엘은 교구를 맡거나 목회를 하지 않았으며, 계속 교육자의 길을 걸었다.

사무엘은 웨스트민스터의 교사가 되면서부터 평생토록 부모와 형제자매를 정신적으로나 물질적으로 책임지고 돌보는 무거운 짐을 지기 시작하여 세상 떠날 때까지 벗지 못하였다. 그는 첫 월급을 받자마자 일부를 떼어서 부모님께 보내드렸으며, 결코 많지 않은 교사의 수입 중에서도 일평생 월급의 일부를 부모님의 생활비 지원금으로 보냈다. 예나 지금이나 이러한 아들은 참으로 찾아보기 어렵다. 그리고 웨스트민스터에 오자마자 사무엘은 부모님께 요청하여 이제 8살 난 동생 찰스를 웨스트민스터 스쿨로 데려와 공부시켰다. 그는 찰스가 왕실 장학생이 되기까지 찰스의 등록금 전액을 지불해 주었을 뿐 아니라, 찰스의 공부를 힘을 다해 지도해 주었는데, 사무엘의 이러한 역할은 수산나의 무거운 짐을 덜어주었으며, 부모에게 크나큰 자랑과 기쁨이 되었다. 그가 동생 존의 학비도 도와주었다는 사실은 나중에야 알려졌다. 사무엘은 자신이 하는 이러한 일을 아무에게도 말하지 못하도록 하였을 뿐만 아니라, 본래 겸손한 성격의 사람이었기 때문이다. 1715년 25세 때에 사무엘은 웨스트민스터 가까이 있는 영국국교회 성직자의 딸 어슐라와 결혼하여 행복한 가정생활을 시작하였다. 사무엘의 아내도 남편의 뜻을 따라서 가족을 돕는 일을 기꺼이 잘 하였다. 사무엘은 영국이나 그밖에 어디서도 보기 드문 효자였던 것이다. 1733년 아버지 사무엘이 아들에게 보낸 편지를 보면 사무엘이 어떤 아들이었는지 넉넉히 짐작하고도 남는다.

"너는 그 동안 네 동생들에게, 특별히 존과 찰스에게 마치 아버지와 같았다. 존과 찰스가 대학에 가기 전부터, 그리고 대학에 간 후에도 그들의 학업을 위해서 정신적으로나 물질적으로 많은 희생을 하였다. 너의 희생은 여기서 그치지 않고, 네 어머니와 나에게도 아주 너그럽게 너의 수입을 나눠주었다. 네 아내도 너와 같은 마음으로 그렇게 한 것을 안다. 너도 결코 풍족하지 않은 중에도 부모와 동생들을 위해서 너무나 큰 도움을 주었구나!"58)

그는 평생토록 자기 수입의 일부를 떼어서 부모와 동생들에게 나누어주며 마치 아버지와 같은 책임을 지고 가족을 돌보았던 것이다. 그는 가난한 목사 가정의 장남으로서 무거운 짐을 무겁게 여기지 아니하고 기쁜 마음으로 그렇게 하였다. 그는 그때나 지금이나 보기 드문 뛰어난 효자임에 틀림없다.

2) 교육자 사무엘

사무엘은 정치적으로나 교회적으로 아주 보수적인 성격을 가진 토리당원

---

58) Adam Clarke, 같은 책, p. 213.

(Tories; 당시 영국의 왕을 지지하는 보수당을 지칭하는 정당의 이름)이며 영국 고교회(High Church)파 신자였다. 그는 당시 웨스트민스터 스쿨의 교장이 되기를 기대하였으며, 학교도 그렇게 되기를 바랬다. 그러나 사무엘의 후견인이자 당시 웨스트민스터 주교(bishop)였던 아터베리 주교가 왕권에 반대하는 운동에 가담했다는 혐의를 받아 투옥되고 말았다. 이때 사무엘은 자신에게 어떤 불행이 오리라는 것을 생각지 못하고서 아터베리 주교의 정치적 입장을 지지하다가 왕의 명령에 의해 모교에서 떠나도록 강요당하였다. 그래서 20년 동안이나 헌신적으로 일하던 정든 학교를 떠나야만 했다. 사무엘은 한동안 실망과 슬픔을 참기 어려워 고통 가운데 기도하며 지냈다.

하나님의 은혜로 그는 곧 1732년 영국 남서부의 데븐(Devon) 주에 있는 티버튼 그래머 스쿨(Tiverton Free Grammar School)의 교장으로 임명되어 갔다. 그는 이 학교의 교장으로 약 7년간 성공적으로 일하였다. 그래머 스쿨은 우리나라 중·고등학교와 같은 수준의 학교로서 각 지방에서 가장 우수한 학생들이 대학에 가기 위해 진학하는 학교였다. 그는 교육자로서도 실력이 뛰어났지만 그 지역 주민들에게도 많은 존경을 받아 거의 우상이 되다시피 할 정도로 훌륭한 인격을 가진 학자이며 교육자였다.

웨스트민스터 스쿨 정문

역사적으로 거의 모든 웨슬리 가족의 전기 작가들은 사무엘이 경건과 학문과 교육자로서 대단히 매력 있는 사람이었다고 전하고 있다. 그는 교구를 담임한 성직자는 아니었지만 영국국교회의 성직 안수를 받은 경건한 성직자로서 모든 일에서 성직자다운 성결하고 경건한 생활을 하였으며, 단순한 교사가 아니라 성서적 그리스도인을 양육하는 교육의 사명을 가진 이상적인 기독교 교육자였다. 그는 학교에서 매일 학생들과 교사들에게 성경을 가르치고 설교하는 학교의 목사요 성직자였다. 그는 아버지와 형제들처럼 설교와 가르치는 은사를 타고나 사람들에게 매우 인상 깊은 설교를 많이 하였다고 전해진다. 사무엘은 학생들에게는 교장이라기보다 마치 친아버지와 같았으며, 학생들의 가족과 지역 주민들에게는 선한 목자였고 좋은 친구와 같은 삶을 살았던 것이다. 그는 실로 언제 어디서나 오로지 하나님의 충성된 종으로 살았던 학자요 교육자요 경건한 성직자였다. 사무엘은 티버튼에서 매우 만족한 삶을 살았으며, 일생에 가장 행복한 교육자로서의 인생을 살았다.

3) 동생들의 신앙 체험과 부흥운동을 반대한 보수적인 고교회주의자

사무엘은 일평생 가장 충성된 국교도였으며, 특별히 철저히 보수적인 영국 고교회주의자(High Churchman)로서 비국교도의 분리주의 행동이나 독립교회(Free church) 운동을 대단히 싫어하였다. 말하자면 그는 고교회파 중에서도 골수분자라고 할 수 있을 정도였다. 그의 이러한 강한 고교회주의 정신 때문에 그는 두 동생이 복음주의적 회심을 체험했다고 주장하는 것과 성령의 증거라는 교리와 신자가 마음속에 구원의 확신(assurance)을 소유해야 한다는 교리를 설교하는 것을 인정하지 않았을 뿐 아니라, 근본적으로 반대하고 나섰다. 심지어 어머니가 두 동생의 신앙체험과 부흥운동을 지지한다는 사실을 알고는 어머니를 비판하면서 속히 그러한 타락에서 빠져나올 것을 촉구하였다.

사무엘은 '마음이 뜨거워짐을 느꼈다는 동생들의 회심 체험이라는 것은 일반적으로 분리주의자들이 주장하는 일종의 열광주의(enthusiasm)이며, 진정한 그리스도인이 되기 위해서는 그런 특별한 경험이 필요하지 않으며, 전지전능하시고 무오하신 하나님이 하늘에서 이미 당신의 자녀들을 다 알고 계신다'고 주장하였다. 그는 회심이나 성령의 증거 또는 확신이라는 것은 정신적으로 혼미한 상태에서 나타나는 일종의 감정의 변화라고 비판하면서 그런 말을 들을 때마다 대단히 심기 불편해 했다. 사무엘은 동생 존과 여러 차례 이 문제에 대하여 논쟁적인 편지를 주고받았는데, 그 내용은 대단히 격렬한 표현으로 가득 차 있다. 형은 끝까지 동생들의 주장이 잘못된 것이며, 그러한 열광주의로부터 속히 돌이키라고 설득하다가 세상을 떠나고 말았다.

사무엘은 동생들의 야외설교와 부흥운동을 이해하지 못하였고 강하게 반대하였다. 그는 동생들과 메도디스트 설교자들이 교회 밖으로 돌아다니면서 길거리, 시장터, 광산 웅덩이, 공장터, 산과 들에서 설교하는 것을 아주 혐오스러운 것으로 여겼다. 그리고 그들이 국교회의 리터지(Liturgy; 예배와 기도의 책)의 규범과 격식을 무시하고 아무데서나 간략한 방식으로 예배드리고 즉흥적으로 기도하는 것을 인정하지 않았고 심지어는 죄악이라고까지 말하면서 비난하였다. 그는 동생들이 런던의 무어필드와 같은 슬럼가 거리에서 설교하느니 차라리 벽에서 밀짚을 뽑아내는 짓이 더 고상하다고 비난하였다. 사무엘은 영국국교회의 규칙과 전통과 습관에서 조금이라도 어긋나는 일체의 행동을 신랄하게 비판하고 영국국교회 원칙을 주장하였다.

한편 사무엘은 메도디스트 신도들이 광부 가족들과 자녀들을 위하여 자선학교를 세우며 교회를 세운다는 소식을 듣고 칭찬과 격려를 보내기도 하였다. 그렇지만 사무엘의 동생들을 향한 마음은 늘 불만스러웠으며, 비판적이었다. 그는 어떻게 해서든지 동생들을 다시 국교회로 돌이키게 하려고 최선을 다하였다. 사무엘의 이러한 노력은 어느 정도 효과가 있었다고 볼 수도 있다. 존보다 찰스가 언제나 매사에 더 고교회적이었는데, 그것은 찰스가 형 사무엘의 영향을 받았기 때문이었다.

그는 1739년 11월 5일 병으로 49세의 나이에 비교적 일찍 죽고 말았다. 아마도 사무엘이 더 오래 살아서 동생들에게 더 이상의 영향을 끼쳤다면 메도디스트 부흥운동은 다른 방향으로 나갔던지 아니면 어느 정도의 변화가 있었으리라고 생각하면서, 사무엘의 이른 죽음이 하나님의 섭리였다고 말하는 학자들도 더러 있다.

4) 시인 사무엘

우리는 사무엘이 학자와 교육자와 고교회 경건주의자인 동시에 훌륭한 시인이었다는 사실을 꼭 기억하여야 한다. 그는 아버지의 시적인 소질을 타고난 것이 분명하다. 그는 당대의 하나의 작은 시인으로서, 찬송시, 순수 서정시, 민요시, 풍자시, 애가(elegy; 哀歌), 비문, 서시, 비평시, 번역시 등 다양한 종류의 시작 활동을 하였다. 그의 시는 유머와 위트가 넘쳤으며, 그는 아버지와 동생 찰스처럼 찬송시에 소질을 보였다. 그의 찬송시는 주로 인간이 경험하는 하나님의 구원의 은혜와 사랑의 미덕, 인생과 자연에 나타난 하나님의 섭리와 놀라운 하나님의 행동, 인간이 느끼는 하나님에 대한 경건과 신앙의 신비로움을 표현하는 것이다. 사무엘의 찬송시 중에 가장 좋고 잘 알려진 것은 이사야 40장 6~8절의 '풀잎은 마르고 그 꽃은 시들어가나 하나님의 말씀은 영원하도다' 라고 하는 성경을 주제로 쓴 시다.

> 아침에 꽃들은 향기를 터뜨리고
> 싱그러운 풀잎이 힘 있게 돋아나
> 한낮의 태양도 아랑곳없이
> 저녁의 차가움도 두려워 않네.
>
> 모진 바람에 잎사귀들 찢기우고
> 뜨거운 태양에 꽃잎들이 마르면
> 꽃들의 영화가 순간에 지나고
> 그 아름다움은 너무도 짧구나.
>
> 인간의 얼굴들 세상에 나와서
> 젊음의 힘과 아름다움 자랑할 때에

그 색깔이 봄빛보다 찬란하고
봄에 피는 첫 장미꽃보다 달콤하구나.

소리 없이 흘러가는 세월에 늙고
어느 날 갑작스레 질병에 깨어져
힘센 영광이 어디론가 사라지면
인생의 아름다움 너무도 아쉬워.

보아라, 무덤에서 일어나는 부활의 생명
세상의 무엇보다도 밝게 빛나고
시드는 날 없이 피어나는 부활의 생명
질병과 죽음도 시들음도 없이 강한 생명.

질병이 닥치고 죽음이 삼키려 해도
하늘의 주님이 모든 아픔을 갚으시네.
땅 위에 나는 풀은 마르고 꽃은 시드나
하나님의 말씀은 영원히 서도다.

사무엘은 일생 약 100여 편의 시를 남겼다. 그의 시 중에는 아이작 왓츠나 찰스 웨슬리의 시만큼 훌륭한 것들이 있지만 유명하게 되지 못하였다. 왜냐하면 그것은 그가 일생 성직자나 시인으로 살지 않았으며, 늘 겸손하여 자기를 드러내지 않았기 때문이다. 그는 성실한 교육자로 그리고 언제나 완고한 고교회주의자로 지내면서 사람들과 활발한 교제를 하려고 하지 않았다. 그러나 웨슬리 삼형제는 모두 다 경건과 학문과 시인의 소질을 뛰어나게 가진 사람들로서 인류 역사에 하나님의 영광을 밝히 비추인, 하나님께서 특별히 사용하신 종들이었다. 데븐 주의 티버튼 교구교회 묘지에 세워져 있는 그의 묘비에는 이렇게 새겨져 있다.

> 탁월한 설교자, 충성된 교육자, 그대는 하나님의 종
> 그의 모든 가르침은 그의 삶을 통하여 영원한 모범이어라.

15. 총명한 딸들의 불행한 생애

1) 18세기 사회에서 여성들의 생활

수산나가 낳은 열아홉 명의 자녀 중에 장성한 자녀들은 열 명뿐이며, 그중에 아들이 셋이고 딸이 일곱이었다. 일곱 딸들은 모두 아름다운 외모에 훌륭한 성품을 타고났으며, 경건과 지성과 교양을 잘 갖춘 그 시대로서는 매우 수준 높은 여성들이었다. 그렇지만 딸들은 모두 비극적인 결혼에 불행한 삶을 살았다.

18세기 영국 사회에서 여성의 지위는 아주 낮았으며, 남존여비 문화 속에서 여성이 차별되고 천시되는 것이 당연하였다. 당시 사회는 여성의 교육에 대하여 거의 무관심하여서, 자녀들의 교육에 사명감을 가진 부모가 가정에서 딸들을 가르치는 방법이 최선이었으며, 가정에서 배우지 못한 여성들은 모두 문맹

이었다. 그러나 수산나의 딸들은 우리가 아는 대로 어머니와 아버지로부터 종교, 언어, 문학, 역사, 음악 등 여러 과목에서 상당히 높은 수준의 교육을 받았으며, 모두 총명하고 배우려는 열심이 컸다. 수산나의 딸들은 지성과 교양이 대단히 뛰어났다. 그래서 모두 가정  교사나 또는 학교에서 교사를 할 수 있는 수준의 지식을 충분히 갖추고 있었으며, 실제로 그녀들은 가정교사나 학교 교사로 취직하여 경제적으로 자립하기도 하였다.

당시 사회에서 여자들이 할 수 있는 것은 결혼하여 가정주부가 되는 것뿐이었고, 좋은 가문에 시집가는 것이 최선이었다. 그 외에 극히 소수의 지식과 교양 있는 여자들이 사회에서 할 수 있는 것은 가정교사나 학교의 교사가 되는 것이었는데, 학교의 교사가 되는 것은 수산나의 딸들처럼 가정에서 높은 교육을 받거나 아니면 특별한 가정의 딸들이 지방의 문법학교를 다닌 경우였다. 당시의 대학은 여자들에게 문이 완전히 닫혀 있었다. 혹시 대학이 여자들에게 문을 열어놓았더라도 수산나의 딸들은 돈이 없어서 다닐 수가 없었을 것이다.

그리고 여자들의 운명은 전적으로 결혼에 달려 있었다. 부모들은 딸을 더 좋은 가문에 시집보내기 위해서 비정상적인 방법으로 결혼시키기도 하였다. 어떤 부모는 딸을 돈 받고 팔기도 하였으며, 실제로 팔려가는 신부가 많았다.

수산나의 딸들은 좋은 집에 시집을 가거나 그렇게 해서 행복할 전망이 어두웠다. 왜냐하면 그녀들은 외모와 지성은 탁월하지만 좋은 남자를 만날 수 있는 환경과 기회가 아주 제한되어 있었기 때문이다. 엡윗이라는 소외된 지역의 시골 마을에 고립된 채 단조로운 생활을 하였고 더욱이 가난한 가정에서 특별히 딸들을 위해서 할 수 있는 일이 없었기 때문이었다. 엡윗에도 청년들이 많았지만 그들은 무식하고 거칠어서 수산나의 딸들에게는 어울리지 않았으며, 링컨 주에는 가문이 좋고 교양 있는 청년들이 있었지만 수산나의 딸들은 그런 계층의 사교장에 나갈 수 있는 기회나 교통수단이 없었으며, 그런 곳에 입고 갈 만한 의복도 없었다.

설상가상으로 아버지 사무엘은 여성들에 대한 배려를 할 줄 몰랐고, 딸들의 필요나 감수성에 대한 이해를 갖지 못했다. 그는 당시 영국의 보통 아버지와 마찬가지로 가정의 영주와 같았으며, 수산나는 남편을 'My Master' (나의 주인님)라고 불렀으며, 딸들도 아버지를 'Honored Sir' (존경하는 분이시여)라고 부를 정도였다. 물론 그는 딸들을 사랑했지만 딸들의 마음을 이해하는 실제적인 사랑이 아니라 그 시대의 사회적 인습과 종교적인 규율에 의한 것이었다. 오늘 우리들의 기준에서 볼 때 사무엘은 좋은 아버지라고 보기 어렵다. 수산나와 달리 사무엘은 딸들을 무정하고 무감각하게 대할 때가 있었는데, 사무엘의 이러한 보수적이고 권위주의적인 태도가 딸들의 인생을 더 행복한 길로 가지 못하도록 했으며, 딸들의 불행을 막지 못했다는 생각이 든다.

2) 나의 가련한 딸 헤티 – 시인 메히터블

(1) 아름답고 총명한 헤티

수산나 자녀 중에 일곱 딸이 장성하였는데, 모두 다 훌륭한 외모에 총명하고 명랑하고 착한 성품을 지녔다. 그런데 그중에도 여덟째인 메히터블(Mehetabel)이 가장 빼어났다고 할 수 있다. 그녀는 애칭으로 헤티(Hetty)라고 불리기도 하였는데, 탁월한 미모에 재능까지 타고났다. 또한 그녀는 어려서부터 머리가 총명하고 쾌활하고 재치 있고 유머가 많아서 젊은이들은 물론 많은 사람들에게 사랑을 받았다. 그녀는 특별히 문학에 뛰어난 소질을 타고났으며, 일찍이 시를 좋아하고 시를 쓰는 시인으로 성장하였다. 헤티는 어려서부터 늘 유명한 시를 외우며, 자신의 감정과 경험을 시로 표현하며 시 쓰기를 좋아하였다. 그녀는 여덟 살 때부터 벌써 희랍어 성경을 줄줄 읽을 정도로 명석한 두뇌를 가졌다. 헤티는 어려서부터 아버지가 책을 쓰고 설교를 쓸 때에 필사생이 되어 아버지를 도와드렸으며, 부모는 이러한 헤티를 매우 자랑스럽게 여겼고 꼭 뛰어난 시인이 되기를 희망하고 더욱 소중하게 가르치며 돌보았다.

헤티는 외모가 너무나 아름답고 매력이 있어 많은 남자들이 유혹하였는데, 그들이 헤티를 좋아한 이유는 그녀의 내면 세계보다는 외모의 아름다움에 끌렸기 때문이다. 헤티는 이러한 남자들의 교제 신청과 유혹에 마음이 괴로울 때가 많았다. 부모는 헤티가 혹시라도 잘못되지나 않을까 해서 노심초사 늘 불안하였다. 한번은 학교교사인 로물리라는 청년이 헤티에게 구혼을 했으나, 헤티도 원치 않았고 아버지도 반대하여 결국 아버지는 헤티를 멀리 켈스타인이라는 지방의 부유한 가정에 가정교사로 보내기도 하였다. 그녀는 한동안 거기서 아주 좋은 보수를 받으며 인기 있는 가정교사로 일하며 살았다.

(2) 하룻밤의 연애 사건과 불행의 시작

헤티는 그 집에서 아주 보람 있는 생활을 하였으나, 그만 그곳에서 인생에 치명적인 불행을 당하고 말았다. 그녀는 여기서 롬리라는 이름을 가진 한 젊은 법률가를 만나 사랑하게 되었고, 그 젊은이는 사무엘에게 헤티와의 결혼을 허락해 달라고 간청하였다. 그러나 사무엘은 그 남자가 '원리원칙이 없는 사람'이라는 사실을 알아내고는 거절하여 헤티에게도 더 이상 만나지 말라고 경고하였다. 그러나 헤티는 아버지의 반대에 불만을 품고 그 남자를 계속 만났으며, 그 남자는 헤티에게 멀리 도망가서 결혼하자고 설득하여 하룻밤을 함께 자게 되었다. 그렇지만 그 남자는 다음날 헤티를 버리고 말았다. 헤티는 배신감과 수치심과 절망감에 싸여서 부모님 집으로 돌아올 수밖에 없었다. 게다가 하룻밤의 연애로 아기를 임신하고 말았으니 더욱 치명적인 상처가 되었다.

사무엘은 몹시 화가 났고 자존심에 심한 상처를 입었다. 그리고 명망 높은 사무엘과 수산나의 가문에 치명적인 오점을 남겼다고 생각했음은 말할 것도 없었다. 그렇게 총명하고 장래가 촉망되던 딸이 부모의 명령을 거역하고 그와 같은 실수를 저질렀다는 사실은 생각할수록 슬픈 일이었다. 사무엘은 헤티를 다시 보려고 하지 않았으며, 한 집에서 함께 살려고 하지도 않았다. 헤티는 아마도 엡윗에서 더 이상 살지 못하고 어디론가 다른 곳에 가서 살았던 것이 분명하다. 그러나 헤티가 어디에 가서 있었는지에 대해서는 아무런 단서도 없다. 수산나와 다른 자녀들은 아버지의 마음을 누그러뜨리기 위해서 애썼지만 허사였다. 헤티의 불행한 연애 사건은 헤티 자신은 물론 사무엘과 수산나에게 너무나 큰 슬픔을 안겨준 평생의 비극이 되었다.

헤티의 사건은 18세기 사회도덕상 결코 용납하기 어려운 일이었다. 헤티의 아버지 사무엘은 18세기 영국국교회의 보수적인 성직자이며, 청교도의 엄격한 규율을 지키는 경건주의자로서 이와 같은 이성간의 불순한 관계에 대하여는 일체의 동정이나 용서를 하지 못했다. 사무엘은 자기 교구에서 간통죄를 짓거나 이성간의 부도덕한 죄를 지은 사람들을 하루종일 젖은 진흙더미에 움직이지 않고 서 있도록 하였으며, 이 부끄러운 죄인들의 머리를 흰 수건으로 씌운 채 참회를 위한 고행의 행위를 3주 동안 주일 아침마다 시행할 만큼 엄격한 규율을 지키는 고교회 목사였다. 그렇지만 사무엘은 이런 고행을 딸에게는 시키지 못하고 세상이 알까봐 두려워 숨겼다.

(3) 성급한 결혼과 발전된 비극

만약에 헤티가 임신하지 않았다면 다시 가정교사로 취직을 하든지 아니면 언제라도 환영하는 큰아버지 집으로 갈 수 있었을 것이다. 아마도 헤티는 얼마 동안 집을 떠나 있다가 다시 집으로 돌아와 아이를 낳은 것 같다. 그 시대에 결혼도 하지 않은 여자가 아버지도 없는 아이를 부모 집에서 낳은 슬픔과 죄의식과 공포는 감히 상상도 못할 일이었으며, 이런 딸을 바라보는 부모의 심정은 더 했을 것이다. 이 때 아버지는 헤티를 급히 결혼시키려고 애썼다. 헤티는 어쩔 수 없이 사랑도 없이 첫 번째 구혼자였던 배관공 라이트 씨와 성급히 결혼하지 않을 수 없었다. 무식하고 촌스럽고 술주정뱅이에 배관 노동자인 라이트는 헤티와 전혀 어울리지 않는 상대였으나, 아버지는 강제로 결혼을 시킨 것이다.

라이트는 아름답고 총명한 아내를 얻은 행운에 너무나 좋아했지만 헤티는 눈물을 흘리고 깊은 슬픔을 삼켰다. 두 사람의 결혼은 어느모로 보나 어울리지 않았지만 헤티는 자신의 실수와 불행한 처지 때문에 싫은 표현을 할 수 없었으며, 어떤 치욕과 아픔이라도 참고서 남편을 사랑하고 가정생활에 충실하려고 많은 애를 썼다. 그러나 남편 라이트는 자신이 외모나 지식이나 정신적 세계에 있어서 헤티와는 전혀 어울리지 않는 사람이라는 사실을 깨달으면 깨달을수록 헤티의 사랑을 쉽게 받아들이지 못하고 술에 더욱 깊이 빠지고 있었다. 라이트는 사업에 실패하고 빚더미에 눌려서 날마다 만취가 되어 밤늦게 귀가하고, 헤티를 때리고 심하게 학대하였다. 더군다나 시아버지는 아주 불결하고 난폭한 성격이었는데, 헤티는 이런 시아버지를 모시고 살아야만 했다. 한번은 남편이 감옥에 가게 되었는데, 아버지의 빚을 못 갚았기 때문에 대신 옥고를 치렀던 것이다. 헤티는 불량한 남편이지만 남편에게 다음과 같은 시를 지어주기도 했다.

내 삶의 안내자 당신의 손길
그대의 사랑보다 더 좋은 것 없고
그대보다 더 든든한 바위 없어라.
내 세상의 행복은 그대 품에 가득하고
하늘의 아름다운 무지개 그대 눈 속에 보이네.
몰아쉬는 한숨 무거운 눈물 에덴의 강물이어라.
그대는 내 맘의 기쁨 내 얼굴의 웃음 지어가고
나는 새로 오는 아침마다 그대의 정원을 가꾸노라
오 하나님, 당신의 따스한 빛 그대 얼굴에 비추소서.[59]

---

59) Stevenson, 같은 책, p.307.

헤티는 남편의 마음을 안정시키고 따뜻한 가정을 만드는 길은 아이를 낳아 잘 키우는 것이라 생각하였지만, 헤티의 아이들은 낳자마자 모두 죽고 말았다. 불행한 연애로 낳은 첫 아이, 그리고 지금의 남편 사이에 낳은 두 아이가 모두 호적에도 오르지 못하고 죽어갔던 것이다. 헤티의 슬픔은 말로는 표현 안 될 만큼 너무도 컸다. 그리고 아이들이 이렇게 죽어가는 이유는 남편의 작업장에서 나오는 독가스 때문이라는 상상을 하면서 더욱 괴로웠다. 헤티는 네 번째 아이를 또 잃어버렸다. 그리고 남편은 돌이킬 수 없을 정도로 더 나빠지고 있었다. 아이를 통해서 남편의 사랑을 받고 행복한 가정을 이루어보려는 헤티의 희망은 이제 완전히 사라지고 있었다. 헤티는 아이가 죽을 때에 죽어가는 아이를 생각하며 여러 편의 시를 지었다.

> 피지도 못하고 시들어간 아름다운 꽃망울
> 활짝 피어나려는 고운 꿈도 접고서
> 어린 사슴의 여린 가슴이 가시에 찔려
> 마지막 숨을 다하기 전에
> 전능자여 탄원하는 어미의 슬픔을 돌아보소서.
> 아니면 어미도 어린 사슴의 길을 가게 하소서.
> 연약한 피조물의 시간 속에 영원의 주님 강복하시어
> 당신의 영원한 자비가 가득한 곳에서
> 당신의 한량 없으신 은총의 팔에 내 어린 사슴을
> 품어주시어 천사들의 노래를 듣게 하소서.[60]

---

60) Stevenson, 같은 책, pp.309~310.

헤티는 자신의 이러한 고통이 바로 자신의 죄에 대한 하나님의 저주라고 생각하고서, 하나님께 속죄를 받아야만 자신의 운명에 어떤 좋은 변화가 올 것이라는 긴박한 생각을 하였다. 그리고 헤티는 아버지에게 다시 한번 용서를 구하는 편지를 썼다.

"존경하는 아버지, 아버지는 나를 버리셨고, 한번 결정하시면 결코 쉽게 거두지 않으신다는 것을 잘 알지만 한번 더 말씀드립니다. 저는 아버지의 용서의 말씀이 절실히 필요합니다. 저의 결혼생활의 행복을 위해서 꼭 필요합니다. 남편과 나의 관계를 지탱하리라 기대되었던 아이가 또 죽고 말았습니다. 만일 하나님이 나에게 또 하나의 아이를 주시고 다시 데려가신다면 그것은 아버지가 아직도 나를 용서하지 않으시기 때문에 하나님이 진노하시어 내린 저주라는 생각을 떨쳐버릴 수가 없을 것입니다.
아버지, 나를 용서해 주십시오. 나의 결혼은 아버지가 주선하고 시킨 것이오니 아버지가 내 행복을 위해서 꼭 필요한 것을 허락해 주시기를 간청합니다. 동생들이 나의 속죄를 위해서 매일 아버지께 말씀드리는 것을 받아주실 때가 되지 않았나요? 아버지, 아버지의 용서의 말씀이 없으면 나는 멸망에 이르게 될 것입니다. 아버지, 더 이상 늦지 않게 미루지 말아주세요."[61]

이 편지를 받은 사무엘은 다음과 같이 답장하였다.

---

61) William Fitchet, *Wesley and His Century*, p.36

"딸 헤티야, 나는 네가 아직도 진심으로 참회한다는 증거를 볼 수가 없다. 네가 내 마음에 들고 내 용서를 받고자 한다면 너는 재주를 부리지 말고 솔직하게 회개할 것을 충고한다. 너의 고통은 너의 죄로부터 나오는 것이며, 네가 결혼생활에 어떤 불평이 있다는 것은 네가 아직도 네가 네 남편보다 더욱 나쁘다는 사실을 의미하는 것이다. 너는 네 남편에게 고마운 줄이나 알아라. 도대체 너의 어려움이 무엇이란 말이냐? 너의 결혼은 너에게 상처가 아니라 너의 명예가 아니더냐?"[62]

위와 같은 딸과 아버지의 편지 내용은 충격적이다. 사무엘은 모세의 율법에 아주 굳어버린 사람이며, 어디에도 아버지로서의 정이나 친절도 없으며, 용서란 생각조차 할 수 없는 차가운 인간이 되고 말았다. 그의 긴 편지에는 딸의 고통에 동정하는 기색은 전혀 없으며, 무서운 심판자의 진노와 저주 같은 혹독함이 서려 있을 뿐이다. 헤티는 계속해서 아버지에게 용서를 비는 편지를 썼으나 아버지가 딸에 대해 애처로운 마음을 가지거나 자비를 베풀었다는 어떤 증거도 찾아볼 수가 없다. 여기서 딸에 대한 태도로 볼 때에 사무엘의 경건은 분명히 잘못된 것이며, 헤티의 불행은 헤티의 실수에 있다기보다는 아버지 사무엘의 보수적이고 율법주의적인 성격과 무자비한 바리새주의 때문에 더욱 악화된 것임에 틀림없다. 이것은 분명히 사무엘의 큰 잘못이며, 우리 모두가 경계해야 할 실수다. 이런 상황에서 수산나는 헤티의 일에 간섭하지 말라는 남편의 무서운 경고를 받아 헤티에게 아무런 도움을 주지 못한 것으로 추측된다. 사무엘은 천재적인 시문학의 달란트를 지닌 아름답고 사랑스런 딸을 버렸다.

---

[62] A. T. Quiller, *Hetty Wesley*, p.142.

아버지에게 버림받은 헤티는 신의 저주를 안고 살아야만 했던 18세기 영국 사회의 비극적 여인이 되고 말았다. 이러한 극심한 정신적·신체적인 시련 중에도 헤티는 계속해서 자신의 삶을 소재로 하는 시를 쓰고 있었으며, 헤티의 글은 런던 문학계에서 높이 평가되었고 인기를 끌기도 하였다. 그리고 헤티의 글들은 유명한 잡지와 정기 간행물에 자주 실리곤 하였다. 헤티는 문학계 여러 사람들의 도움으로 당대의 실력 있는 문학가들과 친분을 쌓으며 작품을 만들어갔다. 그럼에도 불구하고 헤티의 많은 시들이 분실되었으며, 자신의 시집을 출판할 만한 환경이나 능력을 전혀 갖지 못했던 것이 끝내 아쉬울 뿐이다. 아마도 헤티가 안정된 생활을 하면서 가족의 지원을 받았다면 정말 뛰어난 문학가로 등장하였으리라는 것을 역사가들은 의심하지 않는다. 헤티가 자신의 재능을 제대로 펴지 못한 것 하나만 생각해도 큰 불행이 아닐 수 없다.

(4) 충실한 메도디스트가 된 헤티

헤티는 일찍부터 큰아버지 마튜의 총애를 받으며 가깝게 지냈다. 헤티는 오랫동안 마튜의 병간호를 맡았으며 마튜는 1737년 헤티의 팔에 의지하여 세상을 떠났다. 마튜는 유언에서 헤티에게 200파운드의 재산을 그리고 헤티의 딸 아멜리아에게는 유산을 물려주었다. 그러나 그녀의 딸이 얼마나 오래 살았는지는 확실하지 않다. 1734년에는 헤티에게 가장 큰 위로와 도움이 되었던 언니 메리가 죽어 헤티는 한동안 몸을 가누지 못할 정도로 슬퍼했다.

1739년 말부터는 수산나가 런던의 파운더리에서 살았으며, 수산나의 다섯 딸들도 런던에 살았기 때문에 이들 모녀들은 자주 파운더리에서 만났을 것이다. 한동안 헤티의 남편은 헤티의 신앙생활까지 엄격하게 제한시켰지만, 이 때

쯤부터는 어느 정도 자유를 주어 헤티는 존이 목회하는 파운더리 메도디스트 신도회의 충실한 회원이 되었을 뿐만 아니라, 동생 존의 목회와 메도디스트 사업을 적극적으로 도우며 지낼 수 있었다. 존 웨슬리는 "나는 내 많은 가족 중에서 나를 돕는 사람이 적은 것에 늘 아쉽다고 생각했는데, 헤티가 나의 좋은 영적 동역자가 되어 참으로 감사하다"고 말했다.

생애 마지막 몇 년 동안 헤티는 메도디스트 신도회에서 많은 봉사활동을 하며 신도들의 사랑과 돌봄을 받으며 평화로운 세월을 보낼 수 있었다. 그녀의 건강은 날로 나빠지고 병약한 몸으로 고생을 하게 되었는데, 이 때 헤티를 자주 방문한 사람은 바로 동생 존과 찰스였다. 헤티는 1753년 53세에 비극적인 고통으로 수놓아진 험한 세상의 순례를 마쳤다. 헤티가 동생들의 메도디스트 신도회에서 부흥운동에 일조를 담당하며 평화롭고 보람 있는 생활을 하였던 것은 험한 인생 순례의 여정에서 맛본 특별한 하나님의 은총이었다.

3) 교육가 에밀리아

에밀리아는 자녀 중에 세 번째이고 딸로서는 첫째다. 그녀는 아름답고 매력적인 외모뿐만 아니라 지성과 신앙을 겸비하였으며, 냉철한 비판력까지 소유하였다. 그녀는 수산나의 지성을 물려받아 박학다식하였으며 시적인 재능과, 특별히 아버지에게 고전을 많이 배워 존 밀턴(J. Milton)의 문학과 철학에 조예가 깊었다고 한다. 그녀는 링컨 시에서 두 번에 걸쳐서 가정교사를 했고, 유명한 테일러 기숙학교에서 교사로 있으면서 학교 운영을 맡아 일하다가, 동생 존의 도움으로 게인즈버러에서 학교를 설립하여 좋은 학교를 만들 정도로 교육 사업에 능력을 가졌다.

에밀리아는 존의 친구이며 옥스퍼드 출신인 남자를 만나 사랑에 빠져 3년간 연애했으나 어떤 친척의 방해로 인해서 헤어지고 오랫 동안 상처를 지니고 살아야 했다. 그 후 그녀는 링컨 시에 사는 한 의사와 사랑에 빠져 결혼하려고 했지만 동생 존이 그 의사가 퀘이커교인이라는 이유로 반대하고, 정치적으로 웨슬리 가족과 반대편에 있었기 때문에 문제가 되어 헤어지고 말았다. 에밀리아는 결국 무면허 약제사 하퍼 씨와 결혼하여 아이 하나를 낳았으나, 그 남자는 에밀리아가 벌어놓은 돈을 가지고 도망가고 말았다. 얼마 후에 아이도 죽었고, 그녀는 절망에 빠져 런던으로 가서 동생 존과 함께 살면서 메도디스트 신도회의 회원이 되어 동생들의 부흥운동을 돕다가 79세의 나이에 세상을 떠났다.

4) 수산나

두 번째 딸 수산나도 에밀리아처럼 아름다운 외모에 좋은 성품을 타고났다. 그녀는 부유한 농부인 엘리슨과 결혼하였으나 역시 불행하였다. 엘리슨은 좋은 가문 출신이었으나 성격이 거칠고 난폭하며 독재적인 사람이어서 수산나는 형언 못할 고통 속에 살았다. 그러던 어느 날 엘리슨의 집에 불이 나서 온 집을 태우고 재산을 탕진한 후에 수산나는 다시 그를 보지 않고 런던에 숨어 살다가 69세에 세상을 떠났다.

5) 메리

몰리라고도 부르던 메리는 키가 작은 기형의 몸으로 태어났다. 그렇지만 아름다운 얼굴과 선한 성품을 가졌다. 그녀는 몸의 약점 때문에 남자와 사랑을 하리라고 기대하지 않았지만 그녀를 헌신적으로 사랑한 존 화이트 램이라는 사람과 결혼하여 아버지가 목회하던 루트 교구에서 행복한 생활을 하다가 38세에 세상을 떠나고 말았다.

6) 안

안(Anne)은 낸시라고도 불렀는데, 교육을 잘 받은 사람과 행복한 결혼을 하여 엡윗 지역에서 비교적 부유한 생활을 하였다. 아마도 안은 수산나의 딸들 중에 유일하게 행복한 결혼을 하였으며, 행복한 가정생활을 한 딸인 것 같다. 동생 존과 찰스는 엡윗 지역을 지날 때마다 안의 집을 방문하여 좋은 대접을 받았다. 안은 동생들에게 언제나 자기 집을 개방하여 메도디스트 부흥운동을 적극적으로 도왔다는 증거가 있다. 그렇지만 안에 대하여는 더 이상 알려진 것이 없어서 아쉽다.

7) 아마추어 철학자 마르타

패티라고도 부른 마르타는 존보다 네 살 아래로 존과 외모와 성격에서 가장 많이 닮았으며, 평생토록 존과 가장 친한 사이로 지냈다. 마르타는 여러 번 사랑에 빠졌으며, 한번은 로물리라는 학교 교사와 연애하였는데, 그 남자는 한때 엡웟의 부목사였고 아버지의 필사생으로도 일했다. 그리고 그 남자는 이전에 헤티와도 연애하였던 사람으로서 마르타가 로물리와 결혼하지 않은 것은 다행이었다. 로물리는 술로서 이생을 탕진하다가 죽었기 때문이다.

마르타는 옥스퍼드 출신의 성직자 웨스틀리 홀과 연애하다가 결혼을 약속하였다. 그러나 그는 마르타의 동생 케지아를 보고 반해버려 사랑을 고백하기도 하였으며, 그의 이러한 경솔한 행동은 케지아와 마르타 모두에게 적지 않은 상처를 주었다. 마르타는 홀과 결혼하여 열 명의 자녀를 낳았으나 하나만 살고 모두 일찍 죽었다.

홀은 이상한 생활을 하였을 뿐만 아니라 아내에게 아주 불성실한 남자였다. 한번은 자기 집의 하녀와 부적절한 관계를 맺어 임신을 시키고 집을 나가 버렸다. 마르타는 남편을 용서하려고 찾아 나섰지만 찾을 수가 없었다. 홀은 이신론자(理神論者)가 되었다가 나중에는 완전히 무신론자가 되어버렸다. 그는 일부다처주의자로 행세하면서 어떤 여자를 데리고 자마이카로 가서 살다가 죽었다고 한다.

그 후 마르타는 홀로 런던으로 이사하여 오빠들에 의지하여 여생을 지내게 되었다. 마르타는 철학에 조예가 깊었으며, 철학적이고 신학적인 독서와 대화를 좋아하여 당대의 유명한 철학자 사무엘 존슨 박사와 자주 만나서 대화하였다고 한다. 그녀는 파운더리 메도디스트 신도회 회원이 되었으며, 수산나의 딸들 중에는 가장 충성스런 메도디스트가 되어 부흥운동에 공헌하였다. 특별히 그녀는 어린아이들을 좋아하여 메도디스트 신도회의 어린이 주일학교 부흥에 큰 기여를 하면서 오빠들의 목회를 열심히 도와주다가 존 웨슬리보다 4개월 후에 85세로 세상을 떠났다. 마르타는 런던 시티로드 메도디스트 예배당의 뒤뜰에 오빠 존과 함께 묻혔다.

8) 케지아

케지아는 본래 몸이 너무나 약하게 태어나 32세의 짧은 인생을 사는 동안 하루도 건강하게 산 적이 없었다. 케지아는 언니 에밀리아가 학교 교사로 있던 학교에서 보조교사를 하기도 하였으나 병약한 관계로 아무것도 보람 있게 하지 못하였다. 케지아는 아버지 사후에 오빠 사무엘의 집에서 살기도 했으며, 어떤 목사의 집에서 가정교사로 있기도 하였다. 그녀는 죽기 직전에 한 신사를 사랑하여 약혼하였으나 결혼도 못하고 세상을 떠난 애처로운 딸이었다.

수산나의 딸들은 모두 다 아름다운 외모에 총명하고 지혜로운데다가 신앙과 지성과 교양을 고루 갖춘 당대에 탁월한 여성이었다. 그러나 결코 행복한 인생을 살았다고 할 수 없는 비극적인 인생을 살다 갔다. 독자들 중에는 경건한 부모에게서 좋은 교육을 받은 딸들이 왜 그렇게 됐느냐는 질문을 할 사람들이 많을지도 모르지만, 그 당시 영국의 가부장적인 권위주의 사회에서 여성들의 삶이 결코 밝지 못했으며, 많은 여성들이 남자들의 횡포에 불행하게 살았던 것을 생각하여야 할 것이다. 그리고 이미 언급한 대로 보수적이고 지나치게 엄격한 아버지의 성격이 딸들의 장래와 행복을 위해서는 도움이 되지 않았을 것이고, 수산나 역시 딸들의 행복을 위해서 할 수 있는 특별한 능력을 갖고 있지 않았다는 것을 생각할 수 있다. 더군다나 수산나의 딸들은 모두 뛰어난 외모와 지성과 교양을 고루 갖춘 여성이어서, 고립되고 소외된 마을인 엡웟에서 자기들과 어울리는 상대를 구하기가 너무나 어려웠던 것이다.

그럼에도 불구하고 수산나의 딸들은 모진 고난과 계속되는 불행 속에서도 신앙으로 인내하고 싸워 승리하였다는 사실을 우리는 결코 과소평가하지 말아야 한다. 그리고 수산나의 딸들이 끝까지 충성스런 메도디스트가 되어 존과 찰스의 부흥운동에 열심히 참여하고 공헌하였다는 것은 하나님의 특별한 섭리요 은총이었다.

17. 거룩한 삶 거룩한 죽음 – 영원한 청교도 수산나

수산나는 남편과 사별한 지 4년 만에 하나님 다음으로 믿고 의지하던 장남 사무엘의 죽음을 보고 하늘이 무너지는 듯한 슬픔을 가까스로 참고 지내던 중에 불과 2년 후에 막내딸 케지아를 먼저 하늘로 보내는 사별의 아픔을 당하였다. 뿐만 아니라 수산나는 에밀리아와 헤티를 비롯한 딸들의 거듭되는 불행을 보면서 얼마나 비통했을까 하는 생각을 하게 된다.

이렇게 수산나는 인생의 환난풍파를 겪으면서 파운더리 메도디스트 신도회에서 두 아들 존과 찰스의 부흥운동이 불길처럼 타오르는 현실을 지켜보며 생애 최후 몇 년간을 지낸 것이다. 그녀는 두 아들을 생각만 해도 많은 위로를 받았으며, 두 아들과 메도디스트 운동을 위해서 하나님께 기도하며 감사하는 마음으로 평화로운 날들을 보내었다. 두 아들 또한 어머니와 함께 살면서 날마다 어머니의 기도 소리를 들으며 어머니의 조언과 격려를 받으며 일하는 것을 가장 큰 행복으로 여겼다.

그러나 메도디스트 부흥운동이 불길처럼 일어나는 때에 수산나의 건강은 날이 갈수록 쇠약해져 두 아들은 어머니가 더 이상 오래 곁에 계시지 못할 것이라고 느꼈다. 1742년 수산나는 자녀들을 모두 불러서 무엇인가 아주 진지한 말을 하려고 하였다. 존은 어머니가 돌아가실지도 모른다는 위급한 소식을 듣고 브리스톨에서 수천 명이 모인 집회에서 설교를 마치고 말을 달려 파운더리로 급히 왔다. 1742년 7월 18일 존은 어머니의 침상 앞에 무릎을 꿇었다. 그리고 다음과 같이 그때의 일을 기록했다.

"나는 어머니가 시간과 영원의 경계선상에 계신 모습을 보았다. 어머니는 아무런 의심이나 두려움을 갖지 않으셨으며, 하나님이 부르시자마자 세상을 떠나서 그리스도와 함께 영원히 살려는 확신과 소망 속에 계셨다."

며칠 후에 수산나는 인생의 순례 길에 최후의 숨고르기를 하고 있었다. 고요하고 평화로운 모습으로 두 눈은 위를 쳐다보고 자신의 영혼을 하나님께 부탁하는 기도를 드렸다. 그리고 마지막 숨을 쉬고 영원한 자유의 나라에 들어갔다. 수산나는 1742년 7월 23일에 74세를 살고 이 땅의 거룩한 순례를 마쳤다. 수산나는 마지막 순간에 무언가 말을 하려고 하였지만 그녀의 말이 다 정확히 들리지는 않았다. 그러나 자녀들은 어머니의 속삭이는 말을 분명히 들었다 : "나의 사랑하는 구주시여, 당신은 나의 생애 마지막 순간까지 내 곁에서 나를 도우시는군요!" 수산나의 죽음은 역사적인 청교도의 죽음, '위로가 충만하고 거룩한 승리의 죽음'을 온전히 보여준 모범이었다. 존은 어머니의 모습에서

'거룩한 삶과 거룩한 죽음'(Holy living and Holy dying)의 본보기를 보았으며, 신자가 어떻게 죽어야 하는지를 배웠다고 말했다. 그리고 자녀들은 어머니의 다음과 같은 마지막 부탁의 말씀을 들었다 : "나의 아들 딸들아, 내가 세상을 떠나면 곧 하나님을 찬양하는 시편송을 불러다오." 이 때 어머니를 둘러 서 있던 자녀들은 모두 일어나 다음의 시편송을 불렀다.

> 행복한 영혼, 그대는 순례를 마치었도다.
> 그대의 모든 애통은 지나갔도다.
> 이제 가시오, 천사들의 찬송을 들으며
> 예수를 향하여 가시오.
> 그대의 영혼을 기다리는 주님이
> 저기 서 계시네.
> 그대를 구원한 주님의 은혜를 보시오.
> 부활하신 주님의 영광의 면류관을 향해
> 그대의 두 손을 들고 나아가시오.

존 웨슬리는 어머니의 장례식에 대하여 자세한 기록을 남겼다. 존은 어머니의 장례식을 직접 주례하였다. 1742년 8월 1일 런던의 메도디스트 신도회 신자들이 모두 모이고 셀 수 없이 많은 회중과 함께 거룩하고 장엄한 장례식이 진행되었다. 존 웨슬리는 요한계시록 20장 11~12절의 말씀을 본문으로 설교하였다.

"또 내가 보니 크고 흰 보좌와 그 위에 앉으신 자를 보니 땅과 하늘이 그 앞에서 피하여 간 데 없더라. 또 내가 보니 죽은 자들이 무론대소하고 그 보좌 앞에 섰는데, 책들이 펴 있고 또 다른 책들이 펴졌으니 곧 생명책이라. 죽은 자들이 자기 행위를 따라 책들에 기록된 대로 심판을 받으니……."

수산나는 시티로드의 파운더리 예배당 바로 건너편에 있는 역사적인 번힐 필즈(Bunhill Fields)에 매장되었다. 이곳은 유명한 청교도 존 번연, 아이작 왓츠, 존 오웬, 수산나의 언니 엘리자베스, 청교도 정치가 올리버 크롬웰이 묻혀 있는, 교회사에 기념할 만한 청교도의 성지다. 수산나가 파운더리에 묻히지 않고 비국교도 묘지인(청교도 묘지) 번힐에 묻힌 특별한 이유는 어디에도 기록이 없지만 우리는 이미 그 이유를 넉넉히 짐작할 수 있다. 엡웟을 떠난 이후로 수산나는 메도디즘의 창시자요 지도자인 웨슬리 형제의 어머니로 살았기 때문에 영국의 어느 교구에도 소속하고 있지 않았으며, 특별히 런던 어느 교구의 묘지도 사용할만한 입장이 되지 못했다. 이미 수산나는 아들들의 메도디스트 신도회 회원으로서 메도디스트 운동에 적극적인 지지자가 되어 사실상 비국교도가 되었던 것이다. 또한 수산나의 선조들도 일평생 순전한 청교도 신앙으로 살아왔으므로 수산나가 번힐에 묻힌 것이 당연하다고 생각할 수 있다.

수산나의 묘비에는 다음과 같이 기록되어 있다.

사무엘 아네슬리 박사의 딸,
그의 막내이며 가장 오래 생존한 딸,
사무엘 웨슬리 목사의 부인 수산나의 몸이 여기에 누워 있다.

수산나는 진정으로 청교도의 딸이었으며, 동시에 진정으로 메도디즘의 어머니였다. 영국 북부의 유명한 항구 도시 리버풀에는 아름답고 장엄한 리버풀 대성당(Liverpool Cathedral)이 있는데, 이 대성당의 스테인드 글라스에는 거룩한 그리스도교회(The Holy Catholic Church)의 역사에 빛나는 위대하고 거룩한 여인들의 초상화가 그려져 있다. 그중에는 수산나 웨슬리도 있다. 자녀들을 위대한 하나님의 사람으로 훌륭하게 교육시킨 수산나는 그녀의 아들들을 통하여 영원한 상급을 받고 있다. 수산나는 이와 같이 교회사와 인류사에 영원한 신앙의 어머니로서 모든 어머니들의 모범이 되고 모든 자녀들의 어머니가 되고 있다. 특별히 수산나는 세계의 모든 메도디스트 유산을 소중히 여기는 사람들의 가슴에 메도디즘의 창시자 웨슬리 형제의 어머니요, 메도디즘의 어머니로 영원히 살아 있는 것이다.

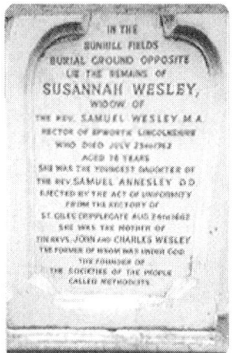

런던 북부 비국교도 묘지인 번힐 묘지에 세워진 수산나의 묘비

참고도서

1. Adam Clarke, *Memoirs of the Wesley Family; collected principally from original documents*, T. Tegg & Son, 1836.
2. Arnold A. Dallimore, *Susanna Wesley - the Mother of John and Charles Wesley*, 1999.
3. Charles Evans, 'The Ancestry of the Wesleys'; *Notes and Queeries*, vol., CXCIII, 1948, pp.255~259.
4. Charles Wallace, JR., ed., *Susanna Wesley- The Complete Writings*, Oxford University Press, New York, 1997.
5. Franklin Wilder, *Father of the Wesleys*, Exposition Press, New York, 1971.
6. Franklin Wilder, *Immortal Mother*, Vantage Press, New York, 1966.
7. George Stevenson, *Memorials of the Wesley Family*, S.W. Patridge and Co., 1876.
8. John Kirk, *The Mother of the Wesleys*, Henry James Tresidder, London, 1864.
9. John A. Newton, *Susanna Wesley and the Puritan Tradition in Methodism*, Epworth, London, 1968.
10. Luke Tyerman, *The Life and Times of the Rev. Samuel Wesley*, M.A., Simpkin Marshall, London, 1866.
11. Luke Tyerman, *The Life and Times of the Rev. John Wesley*, Hodder and Stoughton, London, 1880
12. Mabel R. Brailsford, *Susanna Wesley, the Mother of Methodism*, Chareles H. Kelly, London, 1910.
13. Maldwyn Edward, *Family Circle*, Epworth, London, 1949.
14. Marion Field, *Susanna Wesley- A Radical in the Rectory*, Highland Press, Surrey, 1998.

15. Quiller Couch, *Hetty Wesley*, Haper, London, 1903.
16. Rebecca Lamar Harmon, *Mother of the Wesleys*, Abingdon, Nashville, 1968.
17. Rita Snowden, *Such a Woman; The Story of Susanna Wesley*, The Upper Room, Nashville, 1962.
18. William Beal, *The Fathers of the Wesley Family*, William Freeman, London, 1862.
19. William Crook, *The Ancestry of the Wesleys, with special reference to their connexion with Ireland*, Epworth, London, 1938.
20. William Fitchett, *Wesley and His Century*, William Briggs, London, 1908.
21. *CHPM: A Collection of Hymns for the Use of People Called Methodists*, with a New Supplement Edition with Tunes, 1779, reprinted by Wesleyan Methodist Conference Office, 1878.
22. *ENNT: Explanatory Notes upon the New Testament*, John Wesley, 1754, reprinted by Epworth Press, London, 1950.
23. *JJW: The Journal of the Rev. John Wesley A.M.*, 8vols., edited by Nehemiah Curnock, Robert Culley, London, 1916.
24. *LJW: The Letters of John Wesley A.M.*, 8vols., edited by John Telford, Epworth Press, London, 1931.
25. *SS: The Standard Sermons of John Wesley*, 2vols., edited and annotated by Edward H. Sugden, Epworth Press, London, 1921.
26. *PWJC: The Poetical Works of John and Charles Wesley*, 13vols., edited by Dr. George Osborn, Wesleyan Methodist Conference Office, London, 1869.
27. *WJW: The Works of John Wesley*, 14vols., edited by Thomas Jackson, John Mason, London, 1831.
28. *WJWB: The Works of John Wesley, Bicentennial Edition*, vol., 1, 2, 3, 4, 7, 9, 11, 18, 19, 20, 21, 22, 23, 24, 25, 26, edited by Albert C. Outler etc., Abingdon Press, 1975~2003.

※ 참고도서 번호 21~28의 대문자 약자는 각주에 들어가는 약어표(略語標)다.

개정판

웨슬리 이야기 **1**
웨슬리의 뿌리

초판 1쇄   2005년 9월 1일
개정판 1쇄   2011년 7월 28일
3쇄   2024년 1월 12일

김진두 지음

발 행 인   이 철
편 집 인   김정수

펴 낸 곳   도서출판kmc
등록번호   제2-1607호
등록일자   1993년 9월 4일

03186 서울특별시 종로구 세종대로 149 감리회관 16층
(재)기독교대한감리회 도서출판kmc
TEL. 02-399-2008 FAX. 02-399-2085
https://www.kmcpress.co.kr

인   쇄   리더스커뮤니케이션

값 10,000원

ISBN 978-89-8430-537-3 04230
      978-89-8430-536-6 04230(세트)